IPA

Forschung und Praxis · Band 46

Berichte aus dem Fraunhofer-Institut
für Produktionstechnik und Automatisierung,
Stuttgart, und dem Institut
für Industrielle Fertigung und Fabrikbetrieb
der Universität Stuttgart

Herausgeber: Prof. Dr.-Ing. H. J. Warnecke

Johannes Lienert

Beitrag zur Verbesserung der Wirtschaftlichkeit EDV-unterstützter Fertigungssteuerungssysteme durch Schwachstellenanalyse

Mit 37 Abbildungen

Springer-Verlag
Berlin Heidelberg New York 1981

Dipl.-Math. Johannes Lienert
Fraunhofer-Institut für Produktionstechnik und Automatisierung (IPA), Stuttgart

Dr.-Ing. H. J. Warnecke
o. Professor an der Universität Stuttgart
Fraunhofer-Institut für Produktionstechnik und Automatisierung (IPA), Stuttgart

D 93

ISBN-13:978-3-540-10506-0 e-ISBN-13:978-3-642-81570-6
DOI: 10.1007/978-3-642-81570-6

Gesamtherstellung: Drucken + Werben GmbH · Löwenstraße 94 · 7000 Stuttgart 70 · Telefon (07 11) 76 49 59.

2362/3020—543210

Geleitwort des Herausgebers

Die Entwicklungen in der Produktionstechnik in den letzten Jahrzehnten haben entscheidend zur positiven wirtschaftlichen und sozialen Entwicklung in der Bundesrepublik Deutschland beigetragen. Die Produktivität konnte jedes Jahr um durchschnittlich etwa 3,5 % gesteigert werden. Mechanisierung und Automatisierung wurden und werden stetig weiter vorangetrieben. Während es sich bisher jedoch um Verbesserungen an einzelnen Maschinen und Anlagen sowie Verfahren handelte, werden heute alle Unternehmensbereiche erfaßt, und man ist bemüht, das gesamte System Unternehmen bzw. Produktionsbetrieb zu optimieren. Das klassische Bemühen um Optimierung des Einsatzes und Zusammenwirkens der Produktionsfaktoren Mensch, Maschine und Material muß heute erweitert werden um die Berücksichtigung sozialer Belange, gesetzlicher Auflagen, Probleme der Energieversorgung, schnellen Veränderungen an den Produkten und auf den Märkten sowie Sicherung der Qualität und der Lieferfähigkeit.

Von wissenschaftlicher Seite wird und muß dieses Bemühen unterstützt werden durch die Entwicklung von Methoden und Vorgehensweisen zur systematischen Analyse und Verbesserung des Systems Produktionsbetrieb. Hier ist heute insbesondere auch der Fertigungsingenieur gefordert, nicht nur einzelne Maschinen und Verfahren zu beherrschen, sondern das gesamte komplexe System hinsichtlich der Verknüpfung seiner Elemente durch zweckmäßigen Informations- und Materialfluß. Beispielhaft seien dazu nur hinsichtlich des Informationsflusses die heute gegebenen Möglichkeiten der Datenerfassung und -verarbeitung in Fertigungsplanung und -steuerung, an den einzelnen

Produktionsanlagen sowie im Qualitätswesen genannt. Im Materialfluß geht es um richtige Auswahl und Einsatz von Fördermitteln, Förderhilfsmitteln sowie Anordnung und Ausstattung von Lägern. Der weiteren Automatisierung in der Handhabung von Werkstücken und Werkzeugen sowie der Montage von Produkten wird in nächster Zukunft allergrößte Aufmerksamkeit geschenkt werden. Leistungsfähige Sensoren werden die Möglichkeiten dafür sehr stark vergrößern.

Die beiden vom Herausgeber geleiteten Institute, das Institut für Industrielle Fertigung und Fabrikbetrieb der Universität Stuttgart sowie das Fraunhofer-Institut für Produktionstechnik und Automatisierung in Stuttgart, arbeiten in grundlegender und angewandter Forschung intensiv an den aufgezeigten Entwicklungen in der Produktionstechnik mit. Zur Umsetzung gewonnener Erkenntnisse wird die Schriftenreihe "IPA Forschung und Praxis" herausgegeben. Der vorliegende Band setzt diese Reihe fort, eine Übersicht über bisher erschienene Titel wird am Schluß dieses Bandes gegeben.

Dem Verfasser sei für die geleistete Arbeit gedankt, dem Springer-Verlag für die Aufnahme dieser Schriftenreihe in seine Angebotspalette und der Druckerei für saubere und zügige Ausführung. Möge das Buch von der Fachwelt gut aufgenommen werden.

Hans-Jürgen Warnecke

Vorwort

Die vorliegende Arbeit entstand während meiner Tätigkeit als wissenschaftlicher Mitarbeiter am Fraunhofer-Institut für Produktionstechnik und Automatisierung, Stuttgart.

Dem Direktor dieses Institutes, Prof. Dr.-Ing. H.J. Warnecke, bin ich zu besonderem Dank verpflichtet, da er dieser Arbeit viel Verständnis entgegengebracht und mich bei ihrer Anfertigung in großzügiger Weise unterstützt hat.

Herrn Prof. DTechn. h.c. Dipl.-Ing. K. Tuffentsammer danke ich für die Übernahme des Mitberichtes sowie die konstruktiven Anregungen, die aus seiner sorgfältigen Durchsicht der Arbeit resultierten.

Den ehemaligen Kollegen des Institutes möchte ich für die Diskussionsbereitschaft und die Anregungen danken, die mir mehrmals weitergeholfen haben. Namentlich seien hier die Herren Dr.-Ing. habil. H.-J. Bullinger, Dr.-Ing. R. Hichert und Dr.-Ing. U. Maier genannt.

Schweinfurt, im Juli 1980 Johannes Lienert

INHALTSVERZEICHNIS

0 Abkürzungen und Formelgrößen

0.1 Abkürzungen

AT	Arbeitstag
BA	ablaufbedingtes Unterbrechen
BE	erholungsbedingtes Unterbrechen
BH	Hauptnutzung
BL	Betriebsmittel außer Einsatz
BM	Betriebsmittel
BN	Nebennutzung
BP	persönlich bedingtes Unterbrechen
BR	Betriebsruhe
BS	störungsbedingtes Unterbrechen
BTO	Betriebstechnik und Organisation
BZ	zusätzliche Nutzung
DNC	Direct Numerical Control
EDV	elektronische Datenverarbeitung
Hrsg.	Herausgeber
io	Zeitschrift für industrielle Organisation
kum.	kumuliert
TB	Taschenbuch
VDI-Z	VDI-Zeitschrift
ZfB	Zeitschrift für Betriebswirtschaft
ZfbF	Zeitschrift für betriebswirtschaftliche Forschung
ZwF	Zeitschrift für wirtschaftliche Fertigung

0.2 Formelgrößen

Größe	Einheit	Bedeutung
A (t)	Stück[1)]	Abgangsmenge zum Zeitpunkt t
A_2 (t)	Stück	Soll-Abgangsmenge zum Zeitpunkt t laut Kapazitätsterminierung
A_3 (t)	Stück	Soll-Abgangsmenge zum Zeitpunkt t laut Auftragsfestlegung
A_4 (t)	Stück	Soll-Abgangsmenge zum Zeitpunkt t laut Auftragsvorschlag
b	Stück	Bestandseinheit
B (t)	Stück	Bestand zum Zeitpunkt t
b_1	Stück	aufgelaufene Materialanlieferungen zum Beginn des Betrachtungszeitraumes
b_2	Stück	aufgelaufene Materialentnahmen am Ende des Betrachtungszeitraumes
$dh_i(b)$	Tag	Differenzfunktion
$d_i(t)$	Stück	Differenzfunktion
$d_i^+(t)$	Stück	positiver Zweig der Differenzfunktion
$d_i^-(t)$	Stück	negativer Zweig der Differenzfunktion
$f_1(t)$	Stück	Ist-Verlauf der Abgänge
$f_2(t)$	Stück	Soll-Verlauf der Abgänge laut Kapazitätsterminierung
$f_3(t)$	Stück	Soll-Verlauf der Abgänge laut Auftragsfestlegung
$f_4(t)$	Stück	Soll-Verlauf der Abgänge laut Auftragsvorschlag
$f_5(t)$	Stück	Soll-Verlauf der Zugänge laut Bestellvorschlag

1) Anstelle von Stück kann in allen Größen auch eine andere Maßeinheit treten, wenn der Lagerbestand nicht in Stück geführt wird, z.B. Meter, Kilogramm.

Größe	Einheit	Bedeutung
$f_6(t)$	Stück	Soll-Verlauf der Zugänge laut Bestellung
$f_7(t)$	Stück	Ist-Verlauf der Zugänge
$h_1(b)$	Tag	Ist-Verlauf Materialbereitstellung
$h_2(b)$	Tag	Soll-Verlauf Materialbedarf
$h_3(b)$	Tag	Ist-Verlauf Materialanlieferung
$I(o,T)$	Stück x Tag	Lagerbestand im Intervall (o,T)
K_{eff}	Min./Tag	effektiv verplanbare Kapazität
K_{ep}	Min./Tag	erbrachte Leistung
K_g	Min./Tag	genutzte Kapazität
K_p	Min./Tag	planungsbedingte Leerzeit
K_{pn}	Min./Tag	praktisch nutzbare Kapazität
K_{tn}	Min./Tag	theoretisch nutzbare Kapazität
K_{tv}	Min./Tag	theoretisch verfügbare Kapazität
K_{ug}	Min./Tag	ungenutzte Kapazität
k_1	Min./Tag	Kapazitätsbedarf laut Grobplanung ohne Berücksichtigung der Beschaffungsart
k_2	Min./Tag	Kapazitätsbedarf laut Grobplanung mit Berücksichtigung der Beschaffungsart
k_3	Min./Tag	Kapazitätsbedarf laut Grobplanung zum Zeitpunkt des Auftragsbeginns
k_4	Min./Tag	Kapazitätsbedarf laut Belastungsübersicht
$K(o,T)$	DM x Tag	Kapitalbindung im Intervall (o,T)
L	Tag	Lieferzeit
$\max\{a,b\}$	-	der größere der Werte a und b
n_i	-	Beitrag der Differenzfunktion $d_i(t)$ zum Nullbestand im Betrachtungszeitraum
$S(t)$	Stück	Sollbestand
$S_v(b)$	Tag	Soll-Verweilzeit einer Bestandseinheit

Größe	Einheit	Bedeutung
u_i	-	Beitrag der Differenzfunktion $d_i(t)$ zum Überbestand im Betrachtungszeitraum
$U_i(t)$	-	Beitrag der Differenzfunktion $d_i(t)$ zum Überbestand zum Zeitpunkt t
U(t)	Stück	Überbestand zum Zeitpunkt t
u_v	Stück x Tag	Beitrag der untersuchten Schwachstelle zum Überbestand im Betrachtungszeitraum
$U_v(b)$	Tag	die die Soll-Verweilzeit einer Bestandseinheit übersteigende Verweilzeit
V(b)	Tag	Verweilzeit einer Bestandseinheit
Z(t)	Stück	Zugangsmenge zum Zeitpunkt t
$Z_5(t)$	Stück	Soll-Zugangsmenge zum Zeitpunkt t laut Bestellvorschlag
$Z_6(t)$	Stück	Soll-Zugangsmenge zum Zeitpunkt t laut Bestellung

1 Einleitung

Während die ersten Anwendungen der Datenverarbeitung in der Fertigungsindustrie überwiegend im kommerziellen Bereich lagen /1/, hat die EDV im letzten Jahrzehnt auch für den technisch-organisatorischen Bereich zunehmend an Bedeutung gewonnen. Wie eine im Jahre 1975 durchgeführte Untersuchung in den Branchen Maschinenbau und Elektrotechnik gezeigt hat, nutzt die Mehrzahl der EDV-Anwender in diesen Branchen bereits ein EDV-unterstütztes Fertigungssteuerungssystem /2/. Wie diese Untersuchung weiterhin zeigte, wurden von den einzelnen Unternehmen bei der Realisierung sehr unterschiedliche Wege eingeschlagen. Dieses gilt sowohl für die Auswahl der mit EDV-Unterstützung durchgeführten Teilaufgaben der Fertigungssteuerung als auch für die Art der Software-Beschaffung - mehrfach verwendbare Software oder Eigenprogrammierung.

Wie auch die Ergebnisse anderer Untersuchungen /3/ zeigen, weichen die an die EDV-Unterstützung im Bereich Fertigungssteuerung gestellten A n f o r d e r u n g e n von Produktionsbetrieb zu Produktionsbetrieb stark voneinander ab. Eine wesentliche Ursache hierfür sind unterschiedliche b e t r i e b l i c h e M e r k m a l e hinsichtlich Produktstruktur und Fertigungsablauf /4/. Darüber hinaus sind die unterschiedlichen Anforderungen auch durch die gewachsenen O r g a n i s a t i o n s s t r u k t u r e n der einzelnen Betriebe bedingt. Der einzelne Produktionsbetrieb ist daher gezwungen, entsprechend seinen betriebsspezifischen Randbedingungen die für ihn am besten geeignete Form der EDV-Unterstützung auszuwählen.

Die Bedeutung dieses Problems für die Praxis zeigen Ergebnisse einer 1976 im Maschinenbau durchgeführten Untersuchung /5/: Eine Verbesserung des EDV-Einsatzes in der Fertigungssteuerung wurde von einer hohen Zahl der befragten Betriebe aus Gründen der Wettbewerbsfähigkeit als dringend erforderlich bezeichnet, da die Marktsituation verstärkt dazu zwingt, die technisch im

Fertigungsablauf gegebene Flexibilität auch organisatorisch zu nutzen /6/.

Wegen der hohen Verbreitung der EDV-Unterstützung in der Fertigungssteuerung stellt sich für eine zunehmende Zahl von Produktionsbetrieben nicht mehr die Frage, ob überhaupt eine EDV-Unterstützung der Fertigungssteuerung sinnvoll ist. Das Ziel ist vielmehr eine Verbesserung der vorhandenen EDV-Unterstützung. Die vorliegende Arbeit soll daher einen Beitrag zur Weiterentwicklung und Verbesserung betriebsindividueller EDV-unterstützter Fertigungssteuerungssysteme leisten.

2 Abgrenzung des Untersuchungsbereiches

2.1 Begriffsbestimmungen

2.1.1 Fertigungsprozeß

Unter F e r t i g u n g s p r o z e ß wird in dieser Arbeit die Gesamtheit aller Tätigkeiten verstanden, die zur Herstellung von Produkten unmittelbar am Produkt oder Teilen desselben auszuführen sind ("Realgüterprozeß"). Das sind im einzelnen die Tätigkeiten

- bearbeiten,
- montieren,
- kontrollieren,
- handhaben,
- transportieren und
- lagern /7/.

Die räumliche Abgrenzung des Fertigungsprozesses ist durch die Anlieferung von Ausgangsstoffen am W a r e n e i n g a n g einerseits und die Auslieferung der fertigen Produkte durch den V e r s a n d andererseits gegeben /4/.

2.1.2 Fertigungssteuerung

In Anlehnung an /8,9,10/ wird unter F e r t i g u n g s - s t e u e r u n g die Planung, Steuerung und Überwachung des Fertigungsprozesses und des Einsatzes von Personal, Material und Betriebsmitteln im Fertigungsprozeß hinsichtlich Mengen und Terminen verstanden.

2.1.3 EDV-unterstütztes Fertigungssteuerungssystem

Unter einem F e r t i g u n g s s t e u e r u n g s s y - s t e m sind alle Teile eines Produktionsbetriebes zu verstehen, die mit der Wahrnehmung von Aufgaben der Fertigungssteuerung befaßt sind.

E D V - u n t e r s t ü t z t ist dieses System dann, wenn wenigstens eine der Aufgaben durch ein EDV-Verfahren oder mit Hilfe eines EDV-Verfahrens durchgeführt wird.

Ein EDV-unterstütztes Fertigungssteuerungssystem umfaßt also nicht allein das EDV-Verfahren - EDV-Anlagen, EDV-Programme und in den Programmen realisierte Methoden - , sondern auch den Informationsfluß und die organisatorischen Regelungen außerhalb des EDV-Verfahrens sowie den Menschen selbst als Entscheidungsträger.

2.1.4 Wirtschaftlichkeit

Der Begriff W i r t s c h a f t l i c h k e i t bezeichnet das Verhältnis von Ertrag zu Aufwand /11/:

$$\text{Wirtschaftlichkeit} = \frac{\text{Ertrag}}{\text{Aufwand}}$$

2.2 Problematik der Wirtschaftlichkeitsbeurteilung von Fertigungssteuerungssystemen

Eine Wirtschaftlichkeitsbeurteilung dient in der Regel der Vorbereitung einer Entscheidung. Im Hinblick auf EDV-unterstützte Fertigungssteuerungssysteme lassen sich zwei Entscheidungssituationen unterscheiden:

Die erste Entscheidungssituation betrifft den e r s t m a - l i g e n E i n s a t z von EDV-Verfahren in der Fertigungssteuerung. Im Rahmen dieser Entscheidungssituation stellt sich die Frage nach der Form der EDV-Unterstützung sowie den zu unterstützenden Teilaufgaben.

Die zweite Entscheidungssituation liegt vor, wenn über eine W e i t e r e n t w i c k l u n g eines EDV-unterstützten Fertigungssteuerungssystems zu entscheiden ist. Dabei ist festzulegen, welche Teile des EDV-Verfahrens in welcher Weise zu verbessern sind oder durch welche organisatorischen Maßnahmen das EDV-Verfahren sinnvoller genutzt werden kann.

In beiden Fällen ist also über M a ß n a h m e n zu entscheiden, die Änderungen des vorhandenen Systems zum Gegenstand haben.

Das entscheidende Problem bei der Wirtschaftlichkeitsbeurteilung von Fertigungssteuerungssystemen besteht darin, daß die Durchführung der Fertigungssteuerungsaufgaben zwar Aufwand verursacht, ihr aber kein Ertrag unmittelbar zuzurechnen ist (Bild 1). Eine absolute Aussage über die Wirtschaftlichkeit eines Fertigungssteuerungssystems ist daher nicht möglich ("System X ist wirtschaftlich"). Die Leistungen der Fertigungssteuerung bestehen aus Informationen, zu denen bei isolierter Betrachtung der Fertigungssteuerung kein Informationswert angegeben werden kann. Ihre Eigenschaften lassen sich lediglich hinsichtlich Kriterien wie Vollständigkeit oder Aktualität beurteilen.

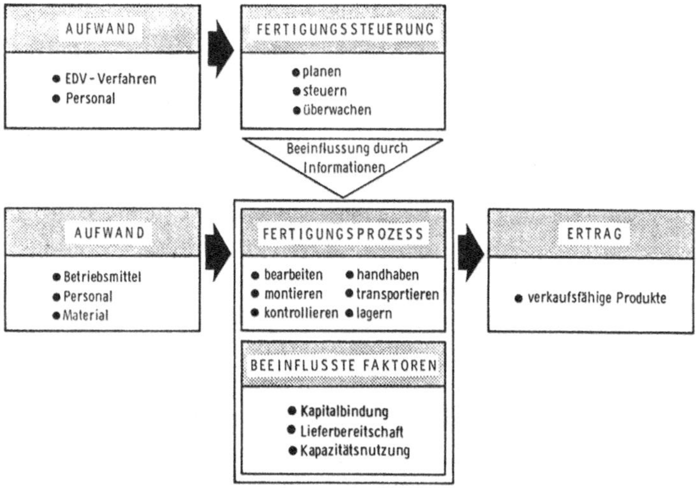

Bild 1: Aufwand und Ertrag der Fertigungssteuerung

Die von der Fertigungssteuerung bereitgestellten Informationen beeinflussen die Faktoren des Fertigungsprozesses, worunter hier Größen verstanden werden, die sich aus dem Fertigungsprozeß ableiten lassen und deren Ausprägung Einfluß auf die Wirtschaftlichkeit des Fertigungsprozesses, also das Verhältnis von Ertrag und Aufwand, hat (Bild 1). Wird das Fertigungssteuerungssystem durch die zu beurteilenden Maßnahmen so verändert, daß sich die Beeinflussung des Fertigungsprozesses ändert, so ist im Rahmen der Wirtschaftlichkeitsbeurteilung auch zu ermitteln, in welchem Maße hiervon die Ausprägung der Faktoren betroffen ist.

Letzteres setzt eine genaue Kenntnis der Wirkzusammenhänge zwischen Fertigungssteuerung und Fertigungsprozeß voraus. Das Hauptproblem der Wirtschaftlichkeitsbeurteilung liegt darin, diese Zusammenhänge für unterschiedliche Steuerungssysteme so genau zu ermitteln, daß quantitative Aussagen über die jeweilige Ausprägung der Faktoren des Fertigungsprozesses möglich sind.

Ist die Ausprägung der Faktoren bei unterschiedlichen Fertigungssteuerungssystemen bekannt, so lassen sich <u>relative</u> Aussagen über die Wirtschaftlichkeit dieser Systeme machen ("System X ist wirtschaftlicher als System Y"). Damit kann auch die Wirtschaftlichkeit von Maßnahmen beurteilt werden, mit denen Fertigungssteuerungssysteme verändert werden sollen.

Die Genauigkeit von quantitativen Aussagen über die Veränderung von Faktoren wird von vornherein dadurch beschränkt, daß sowohl Fertigungssteuerungssystem als auch Fertigungsprozeß zufälligen Einflüssen unterworfen sind. So läßt sich z.B. das Verhalten des Menschen als Entscheidungsträger innerhalb der Fertigungssteuerung nicht exakt vorhersagen /12/; Personalfehlzeiten und Maschinenstörungen sind Beispiele für zufällige, nur statistisch erfaßbare Einflußgrößen im Fertigungsprozeß.

Bei der praktischen Durchführung von Wirtschaftlichkeitsbeurteilungen ist weiterhin zu beachten, daß diese Beurteilung selbst wirtschaftlich sein muß, ein Mehraufwand bei der Beurteilung also in einem sinnvollen Verhältnis zu der dadurch zu erzielenden Verbesserung der Entscheidung stehen muß. Deswegen und wegen der genannten Unsicherheiten ist es nicht sinnvoll, bei Wirtschaftlichkeitsbeurteilungen zu versuchen, jeden Faktor zu quantifizieren. Im Rahmen von Wirtschaftlichkeitsbeurteilungen ist statt dessen anzustreben, die im Hinblick auf die aktuelle Entscheidungssituation relevanten Faktoren zu ermitteln und so weit zu quantifizieren, wie es entsprechend dem Charakter der Faktoren möglich und für die Entscheidung erforderlich ist.

Zur Beurteilung der Maßnahmen, die die Änderung von Fertigungssteuerungssystemen betreffen, ist weiterhin zu untersuchen, mit welchem Aufwand die Durchführung der Maßnahmen verbunden ist (einmaliger Aufwand zur Systementwicklung, Einführung etc.) und wie sich der laufende Aufwand in der Fertigungssteuerung, der insbesondere Personal und den Rechenzentrumsbetrieb umfaßt, verändert.

2.3 Stand der Forschung

KUNERTH /13/ zeigt mit seiner Beurteilung des Investitionsobjektes "EDV-gestützte Fertigungssteuerung" auf, wie die Entscheidung über den e r s t m a l i g e n E i n s a t z d e r D a t e n v e r a r b e i t u n g im Bereich Fertigungssteuerung vorzubereiten und zu fällen ist. Zur Ermittlung der Wirkzusammenhänge von Fertigungssteuerung und Fertigungsprozeß sollen dabei die Aufgaben des Fertigungssteuerungssystems wie auch die Faktoren des Fertigungsprozesses "hierarchisch so weit untergliedert werden, bis die einzelnen Elemente operational werden, d.h. daß in der letzten Aufgabenebene die Zuordnung von Aufgabe und beeinflußten Faktoren eindeutig und vollständig, in der letzten Faktorenebene eine Kosten- und Ertragsermittlung eindeutig und widerspruchslos möglich ist."

Weiterführende Arbeiten /14/ haben gezeigt, daß eine solche Untergliederung nicht bei allen Faktoren möglich ist. Eine allgemein anwendbare Vorgehensweise zur Ermittlung der Wirkzusammenhänge muß also berücksichtigen, daß auch bei einer starken Untergliederung der Faktoren diese von mehreren Aufgaben beeinflußt werden.

KUNERTH /13/ wendet zur Ermittlung der zu erwartenden Bestandssenkung bei Einsatz einer EDV-unterstützten Materialdisposition ein betriebsanalystisches Verfahren an, welches auf dem Vergleich dispositiv gut und dispositiv schlecht beherrschbarer Artikelgruppen beruht. Auf die Analyse von Wirkzusammenhängen auf der Grundlage einer genauen Untersuchung des Fertigungssteuerungssystems wird dabei verzichtet. Wegen der grundlegenden Veränderungen der Fertigungssteuerung bei erstmaligem EDV-Einsatz ist diese Vorgehensweise bei der in /13/ diskutierten Entscheidungssituation durchaus angemessen, zur Beurteilung möglicher Weiterentwicklungen der EDV-Verfahren erscheint sie jedoch zu grob.

WIESE /15/ untersucht mit Hilfe von Simulationen unter Verwendung der Daten zweier Maschinenbaubetriebe die Auswirkungen verschiedener Typen von Fertigungssteuerungssystemen auf Kapitalbindung, Durchlaufzeit und Termintreue in der Teilefertigung. Die Systemtypen unterscheiden sich hinsichtlich des Planungszyklus (wöchentlich, täglich, simultan) sowie des Freiheitsgrades, den der Benutzer (Meister, Arbeitsverteiler) bei der Maschinenbelegung hat (groß, gering, sehr gering). Für eine umfassende Wirtschaftlichkeitsbeurteilung läßt sich die Vorgehensweise von WIESE nicht heranziehen, da der Untersuchungsbereich zu begrenzt ist. Nicht betrachtet werden

- Lager und Montage als wesentliche, von der Fertigungssteuerung beeinflußte Betriebsbereiche,
- Höhe und Gleichmäßigkeit der Kapazitätsauslastung in der Teilefertigung als relevante Faktoren für die Wirtschaftlichkeit des Fertigungsprozesses,
- Losgrößenermittlung, Prioritätsrechnung und -vergabe, Grobabgleich bei Festlegung des Fertigungsprogrammes etc., als weitere Systemeigenschaften, die für die wirtschaft-

lichen Auswirkungen auch in der Teilefertigung wichtig sind.

Zur Quantifizierung von Faktoren sowie des einmaligen und laufenden Aufwands werden von verschiedenen Autoren /13,14,15/ eine Reihe von Methoden diskutiert, die im wesentlichen auf /16/ zurückgehen. Dabei werden im einzelnen genannt:

- exakte Ermittlung
- Simulation
- Betriebsvergleich
- Erfahrungen, Schätzungen
- innerbetrieblicher Informationsmarkt
- Informationstheorie
- betriebsanalytische Verfahren (Analysemodelle).

Im folgenden wird dargelegt, wie weit diese Methoden zur Quantifizierung zu erwartender Veränderungen von Faktoren des Fertigungsprozesses geeignet sind und Anwendungen bekannt sind.

Eine exakte Ermittlung der Veränderungen ist nur möglich, wenn alle stochastischen Einflüsse und darüber hinaus weitere, über der Zeit veränderliche Einflüsse vernachlässigt werden. Ein Beispiel für eine exakte Ermittlung ist in /14/ dargestellt. Diese Methode ist jedoch nur bei sehr einfachen Fragestellungen zu verwenden; die Ergebnisse sind wegen der Vernachlässigung vieler Einflußgrößen in der Regel sehr unzuverlässig.

Simulationen sind wegen der beschränkten Zahl der berücksichtigten Einflußgrößen und wegen des hohen mit der Durchführung verbundenen Aufwandes wenig geeignet und auch in der Praxis kaum eingesetzt.

Schätzungen auf der Grundlage von Erfahrungswerten können nur grobe Anhaltswerte liefern, da sie durch subjektive Einschätzungen geprägt und deswegen mit hohen Unsicherheiten behaftet sind. Dennoch kommt in der Praxis heute praktisch nur diese Methode zur Anwendung /17/.

Beim innerbetrieblichen Informationsmarkt wird der Empfänger von Informationen durch innerbetriebliche Kostenverrechnung mit den Kosten belastet, die bei der Informationserstellung anfallen. Diese Methode hat sich in der Praxis beispielsweise als Hilfsmittel zur wirtschaftlichen Nutzung der Datenverarbeitung bewährt. Sie ist jedoch keine Quantifizierungsmethode, sondern es wird lediglich die Aufgabe der Quantifizierung in die Benutzerbereiche verlagert /16/.

Die Informationstheorie stellt bis heute keine Vorgehensweise zur Verfügung, die für die Ermittlung von Informationswerten - also hier Auswirkungen von Informationen der Fertigungssteuerung auf den Fertigungsprozeß - anwendbar ist /16/.

Betriebsanalytische Verfahren basieren auf der Untersuchung von Ausprägungen betrieblicher Faktoren sowie von Wirkzusammenhängen. Die Grenzen des von KUNERTH /13/ vorgelegten betriebsanalytischen Verfahrens wurden bereits aufgezeigt. Durchlaufzeitanalysen, die gleichfalls den betriebsanalytischen Verfahren zuzurechnen sind, werden von einer Reihe von Autoren /18,19, 20,21/ behandelt. Wie die veröffentlichten Beispiele zeigen, ist die Durchlaufzeitanalyse sehr gut geeignet, Schwachstellen in der Teilefertigung aufzuzeigen. Keiner der Autoren macht jedoch auf der Grundlage der Analyseergebnisse abgesicherte Aussagen über die mit Hilfe eines besseren Fertigungssteuerungssystems zu erzielenden Einsparungen. Durchlaufzeitanalysen sind lediglich geeignet, verbesserte Grundlagen für die Schätzung zu erwartender Veränderungen von Faktoren zu liefern /22/.

Neben /13,14,15,16/ befassen sich eine Reihe weiterer Autoren /23,24,25/ mit der Q u a n t i f i z i e r u n g des mit der Erweiterung vorhandener oder Implementierung neuer EDV-Verfahren verbundenen e i n m a l i g e n A u f w a n d e s und der Veränderung des l a u f e n d e n A u f w a n d e s in der Fertigungssteuerung. Die dort aufgezeigten Methoden erlauben es, diesen Aufwand mit für die betriebliche Praxis hinreichender Genauigkeit zu quantifizieren, so daß bei sorgfältiger Anwendung dieser Methoden nicht zu befürchten ist, wegen falscher Abschätzung dieses Aufwandes Fehlentscheidungen zu treffen.

2.4 Aufgabenstellung

Im Rahmen der in 2.2 aufgezeigten Problematik sind insbesondere zwei Probleme bisher nicht behandelt oder nicht befriedigend gelöst worden:

(1) Die Entscheidungssituation, wie bereits vorhandene EDV-unterstützte Fertigungssteuerungssysteme nach wirtschaftlichen Kriterien sinnvoll weiterentwickelt werden können, wurde bisher nicht untersucht. Wesentliches Unterscheidungsmerkmal zu der in /13/ behandelten Aufgabenstellung ist, daß in die Beurteilung die bereits vorhandenen EDV-Verfahren einzubeziehen sind und bei der Faktorenermittlung und -bewertung auf Daten zurückgegriffen werden kann, die im Rahmen dieser Verfahren maschinell verarbeitet werden.

(2) Zur Quantifizierung der zu erwartenden Veränderungen von Faktoren des Fertigungsprozesses bei Umgestaltung des Fertigungssteuerungssystems existieren nur einzelne Ansätze für begrenzte Problemkreise. Diese bekannten, in 2.3 diskutierten Methoden sind nicht dazu geeignet, aus der Gesamtheit der von der Fertigungssteuerung beeinflußten Faktoren des Fertigungsprozesses die entscheidungsrelevanten Faktoren auszuwählen und die zu erwartenden Änderungen zu quantifizieren.

Ziel dieser Arbeit ist es, durch die Entwicklung einer Vorgehensweise zur "Wirtschaftlichkeitsanalyse EDV-unterstützter Fertigungssteuerungssysteme" einen Beitrag zur Lösung der genannten zwei Probleme zu leisten. Um eine solche Vorgehensweise entwickeln zu können, sind mehrere Voraussetzungen zu erarbeiten:

(1) Aus den Gesetzmäßigkeiten, denen die Weiterentwicklung EDV-unterstützter Fertigungssteuerungssysteme unterliegt, sind die A n f o r d e r u n g e n abzuleiten, denen die Vorgehensweise genügen muß.

(2) Zur E r m i t t l u n g d e r W i r k z u s a m m e n h ä n g e zwischen Fertigungssteuerung und Fertigungsprozeß wird ein A n a l y s e m o d e l l benötigt. Dieses Analysemodell muß insbesondere die Q u a n t i f i z i e r u n g zu erwartender Änderungen der Ausprägung von Faktoren bei Verbesserung des Fertigungssteuerungssystems ermöglichen.

(3) Die Faktoren des Fertigungsprozesses sind daraufhin zu untersuchen, wie eine B e w e r t u n g der Änderung ihrer Ausprägung vorgenommen werden kann.

3 Bedeutung der Wirtschaftlichkeitsanalyse bei der Entwicklung EDV-unterstützter Fertigungssteuerungssysteme

3.1 Vorgehensweisen zur Entwicklung und Einführung

Verschiedene Umfragen /2,17,26/ und Erfahrungsberichte /2,27/ zeigen, daß sich im wesentlichen drei unterschiedliche Wege bei der Entwicklung und Einführung von EDV-unterstützten Fertigungssteuerungssystemen unterscheiden lassen (Bild 2).

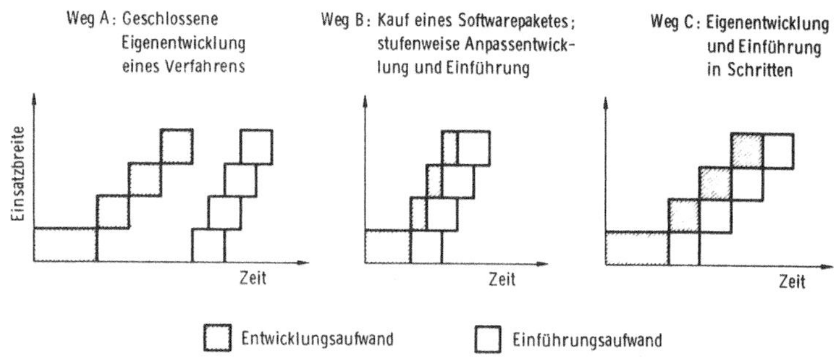

Bild 2: Zeitliche Verteilung des Aufwandes bei verschiedenen Vorgehensweisen zur Entwicklung und Einführung

Die Erfahrungsberichte /2,27/ zeigen insbesondere auf, daß es nicht sinnvoll ist, ein EDV-Verfahren, welches den gesamten Aufgabenbereich der Fertigungssteuerung abdeckt, zunächst zu entwickeln und dann einzuführen (Weg A). Dieses ist im wesentlichen durch drei Probleme bedingt:

- die langen Entwicklungszeiten,
- die Fülle zu fällender Detailentscheidungen und
- die Schwierigkeit der organisatorischen Einbettung.

Die Eigenentwicklung eines umfassenden EDV-Verfahrens zur Fertigungssteuerung erfordert erfahrungsgemäß eine E n t w i c k l u n g s z e i t von mehreren Jahren. Da bei Weg A die Amortisationszeit offensichtlich am längsten ist, ist dieser Weg aus wirtschaftlicher Sicht weniger geeignet als Weg B oder Weg C.

Das Problem der langen Entwicklungszeit läßt sich zwar durch den Kauf eines Software-Paketes mindern, aber auch dann ist eine Vielzahl von Detailentscheidungen - von der Methodenauswahl bis zur Beleggestaltung - zu fällen. Nur bei einer stufenweisen Anpaßentwicklung und Einführung besteht die Möglichkeit, Erfahrungen aus den ersten Stufen bei späteren Entscheidungen heranzuziehen und so das Risiko von Fehlentscheidungen und Einführungsmißerfolgen zu mindern.

Von entscheidender Bedeutung ist letztlich das Problem der organisatorischen Einbettung. Die Einführung EDV-unterstützter Fertigungssteuerungssysteme berührt "Informationskreise, die über kollegiale Beziehungen und in Jahren gewachsene Funktionen existieren" /28/. Da bei der Einführung von EDV-Verfahren sich solche Informationskreise ändern und teilweise auch die Arbeitsinhalte einzelner Mitarbeiter tiefgreifenden Wandlungen unterworfen sind /29/, kann die Einführung von EDV-unterstützten Fertigungssteuerungssystemen nur als eine langwierige "geplante evolutionäre Entwicklung" /30/ verstanden werden, die am besten entsprechend Weg C, nicht aber entsprechend Weg A vollziehbar ist.

Bei einer stufenweisen Einführung von EDV-Verfahren in der Fertigungssteuerung entsprechend Weg B oder C sind zwar vor Ankauf des Softwarepaketes bzw. vor Beginn der Entwicklung umfassende Investitionsentscheidungen notwendig, diese sind aber nicht geeignet, die einzelnen Entwicklungs- und Einführungsschritte auf Jahre hinaus festzulegen. Während der Entwicklungs- und Einführungszeit ist vielmehr eine Folge von Investitionsentscheidungen zu fällen /31/, mit denen über den jeweils nächsten Schritt entschieden wird. Die aus vorangegangenen Schritten vorliegenden Erfahrungen lassen sich nur auf diese Weise berücksichtigen.

3.2 Ständige Weiterentwicklung von EDV-unterstützten Fertigungssteuerungssystemen

Auch der bei einer stufenweisen Einführung von EDV-Verfahren in der Fertigungssteuerung einmal erreichte Stand kann grundsätzlich nicht als Endzustand angesehen werden. Es ist vielmehr notwendig, regelmäßig zu überprüfen, ob die Form der EDV-Unterstützung noch verbessert werden kann. Dafür sind folgende Gründe ausschlaggebend (Bild 3):

Durch die Weiterentwicklung der Hardware, insbesondere durch Verbesserungen des Preis-/Leistungsverhältnisses, werden die wirtschaftlichen Voraussetzungen für den EDV-Einsatz ständig verbessert, so daß einerseits die EDV-Unterstützung auf immer mehr Aufgabengebiete ausgedehnt, andererseits auch die EDV-Unterstützung bei einzelnen Aufgaben intensiviert werden kann.

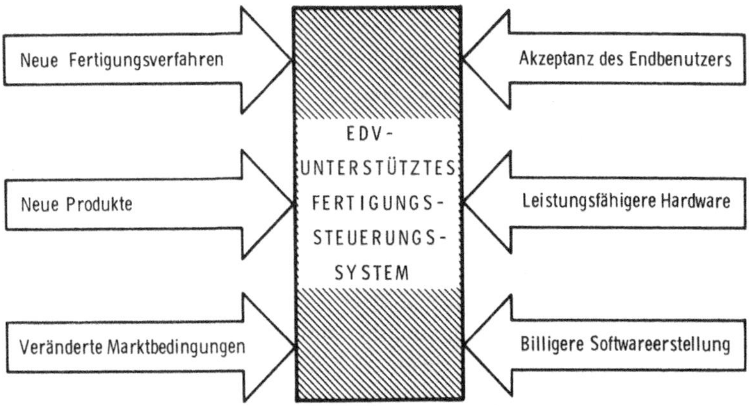

Bild 3: Bestimmungsgrößen für die Entwicklung EDV-unterstützter Fertigungssteuerungssysteme

Die Weiterentwicklung der Software, sowohl Verbesserungen und Neuentwicklungen der mehrfach verwendbaren Anwendungssoftware als auch verbesserte Programmierhilfen und -sprachen, gestaltet die Softwarebeschaffung bzw. -entwicklung immer preisgünstiger.

Die Mitarbeiter, die mit dem EDV-unterstützten Verfahren arbeiten, gewinnen dabei Erfahrung im Umgang mit EDV-Verfahren. Dadurch wird es möglich, zunehmend komplexere und stärker integrierte Systeme einzusetzen.

Die Anforderungen, die an die Fertigungssteuerung gestellt werden, sind Änderungen unterworfen. Durch den in vielen Branchen festzustellenden Trend vom Verkäufer- zum Käufermarkt werden beispielsweise höhere Anforderungen an die Reaktionsfähigkeit der Fertigung bei Änderungen des Bedarfs gestellt. Diese Reaktionsfähigkeit ist wesentlich von der Fertigungssteuerung abhängig. Dieser Trend führt darüber hinaus zu einer größeren Produktvielfalt, so daß auch von dieser Seite immer größere Anforderungen an die Fertigungssteuerung gestellt werden /32/.

Änderungen im Bereich der Produktionstechnik führen gleichfalls zu veränderten Anforderungen an die Fertigungssteuerung. Beispiele hierfür sind die zunehmende Automatisierung im Bereich der Teilefertigung (flexible Fertigungssysteme, DNC-Systeme etc.) und geänderte Strukturen in der Montage (Kurzbänder, autonome Montagegruppen) /2/.

Aufgrund dieser sich wandelnden Anforderungen und Möglichkeiten kann die Entwicklung eines EDV-unterstützten Fertigungssystems nie als abgeschlossen betrachtet werden. Es ist zwar notwendig, zur Entwicklung solcher Systeme langfristige Planungen aufzustellen, dabei "muß aber ohne Illusion gesehen werden, daß man leicht in mehr oder minder starkem Grade aus der langfristigen Planung herausfällt; und daß Umwege und Improvisationen erforderlich sind, um zu erneuter Zielfindung und Planung zu gelangen" /29/.

Die aufgezeigte Dynamik des Entwicklungsprozesses EDV-unterstützter Fertigungssteuerungssysteme unterstreicht die Notwendigkeit, immer wieder zu prüfen, ob der erreichte Stand verbesserungsfähig ist. Dabei sind sowohl geänderte Anforderungen als auch neue organisatorische und technische Möglichkeiten in die Untersuchung einzubeziehen.

3.3 Funktion der Wirtschaftlichkeitsanalyse

Um den Entwicklungsprozeß EDV-unterstützter Fertigungssteuerungssysteme nach wirtschaftlichen Gesichtspunkten richtig gestalten zu können, ist eine Folge von Investitionsentscheidungen notwendig, mit denen über den jeweils nächsten Entwicklungsschritt entschieden wird. Die Wirtschaftlichkeitsanalyse, so wie sie im Rahmen dieser Arbeit verstanden wird, hat die Funktion, diese Investitionsentscheidung vorzubereiten (Bild 4).

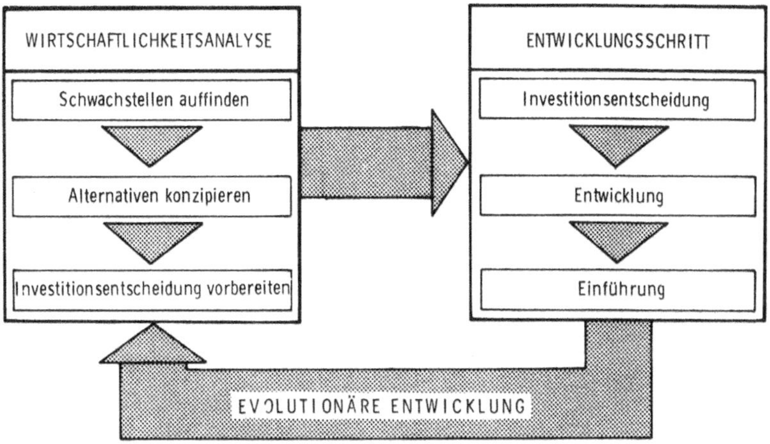

Bild 4: Funktion der Wirtschaftlichkeitsanalyse

Bei Informationssystemen, denen die Fertigungssteuerungssysteme zuzurechnen sind, sollte "immer das schwächste Systemglied ... zum Ausgangspunkt der weiteren Systementwicklung" /28/ gemacht werden. Insbesondere sollte darauf verzichtet werden, zuviele Komponenten gleichzeitig zu verändern /28/, weil sonst die in 3.1 aufgezeigten Probleme den Erfolg der Maßnahmen beeinträchtigen. Wesentliches Element der Wirtschaftlichkeitsanalyse muß also eine Schwachstellenanalyse sein. Mit Hilfe der Schwachstellenanalyse sind diejenigen Schwachstellen im vorhandenen EDV-unterstützten Fertigungssteuerungssystem aufzuzeigen und detailliert zu untersuchen, deren Behebung den stärksten Einfluß auf die Wirtschaftlichkeit des Fertigungsprozesses hat.

Aufbauend auf den Ergebnissen der Schwachstellenanalyse sind Alternativen zum bestehenden System zu konzipieren, die geeignet sind, die als wesentlich erkannten Schwachstellen zu beseitigen.

Abschließend ist die Investitionsentscheidung vorzubereiten, mit der eine der konzipierten Alternativen als nächster Entwicklungsschritt auszuwählen ist. Dazu sind einerseits der einmalige Aufwand und die Veränderungen des laufenden Aufwandes zu ermitteln, die mit der Realisierung der Alternative verbunden sind, andererseits, welche Faktoren des Fertigungsprozesses sich in welchem Maße verändern.

4 Wirtschaftliche Ziele der Fertigungssteuerung

Voraussetzung für die Durchführung einer Wirtschaftlichkeitsanalyse EDV-unterstützter Fertigungssteuerungssysteme ist, daß die mit der Fertigungssteuerung verfolgten wirtschaftlichen Ziele bekannt sind. Ausgehend von diesen Zielen können dann verschiedene Systeme hinsichtlich ihrer Zielerreichung miteinander verglichen werden.

Die nachfolgende Betrachtung der wirtschaftlichen Ziele der Fertigungssteuerung hat im Sinne der in 2.3 dargestellten Aufgabenstellung nur die Auswirkung der Fertigungssteuerung auf den Fertigungsprozeß zum Gegenstand, nicht aber den Aufwand, der zum Betrieb und zur Gestaltung von Fertigungssteuerungssystemen erforderlich ist.

4.1 Eine Zielhierarchie für die Fertigungssteuerung

Aufgabe der Fertigungssteuerung ist es, den Fertigungsprozeß so zu beeinflussen, daß dieser möglichst wirtschaftlich abläuft. In Bild 5 ist in Form einer Zielhierarchie dargestellt, welche von der Fertigungssteuerung beeinflußbaren Teilziele aus dem Hauptziel "Wirtschaftlichkeit" abgeleitet werden können. Im folgenden soll anhand von Bild 5 aufgezeigt werden, auf welche Weise sich eine Verbesserung hinsichtlich eines Teilzieles bei sonst gleichen Randbedingungen auf die Wirtschaftlichkeit des Fertigungsprozesses auswirkt.

Wird durch eine Verbesserung hinsichtlich eines der Teilziele eine Aufwandssenkung erreicht, so führt diese unmittelbar zu einer Erhöhung der Wirtschaftlichkeit. Daneben besteht die Möglichkeit, die Verkaufspreise entsprechend den geringeren Herstellkosten herabzusetzen und so über eine Absatzmengenerhöhung eine Ertragssteigerung zu erzielen, die zu einer Erhöhung der Wirtschaftlichkeit führt.

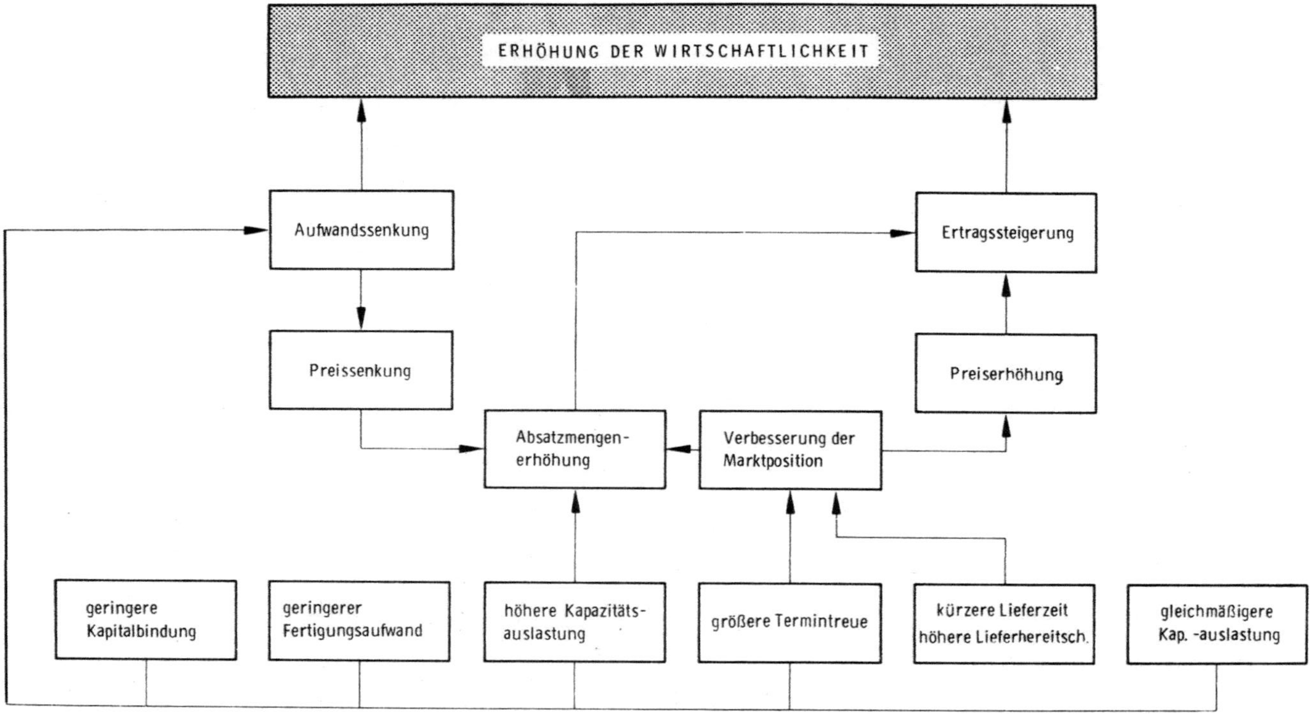

Bild 5: Zielhierarchie für die Fertigungssteuerung

Eine hohe Termintreue und kurze Lieferzeiten sind häufig ein entscheidendes Verkaufsargument /17/. Eine Verbesserung der Zielerreichung bei einem dieser Teilziele verbessert also die Marktposition und schafft so die Möglichkeit, über größere Absatzmengen oder höhere Preise die Erträge und damit die Wirtschaftlichkeit zu steigern.

Eine Steigerung der Kapazitätsauslastung führt - neben möglichen Aufwandssenkungen - unmittelbar zu einer Absatzmengenerhöhung und damit zu höheren Erträgen und einer höheren Wirtschaftlichkeit.

Charakteristisch für die in Bild 5 genannten Teilziele ist, daß sie vielfach gegenläufig sind. Fertigt man z.B. in kleineren Losgrößen, um die Bestände gering zu halten, steigt der Fertigungsaufwand durch höheren Rüstaufwand. Zu geringe Bestände können weiterhin dazu führen, daß die interne Lieferbereitschaft beeinträchtigt wird, was z.B. erhöhten Transportaufwand (höheren Fertigungsaufwand) oder Montagestillstände (geringere Kapazitätsauslastung) zur Folge haben kann.

4.2 Bewertungsmöglichkeiten

Insbesondere wegen des beschriebenen gegenläufigen Charakters der einzelnen Teilziele ist es notwendig, im Rahmen von Wirtschaftlichkeitsanalysen die Wirkungen von Fertigungssteuerungssystemen auf alle Teilziele in die Betrachtungen einzubeziehen. Um innerhalb der Wirtschaftlichkeitsbeurteilung für eine Weiterentwicklung des EDV-unterstützten Fertigungssteuerungssystems eine W i r t s c h a f t l i c h k e i t s r e c h n u n g durchführen zu können, ist aus der veränderten Zielerreichung bei den Teilzielen die Erhöhung der Wirtschaftlichkeit abzuleiten. Entsprechend Bild 5 sind hier drei Wege zu unterscheiden:

(1) Die unterschiedliche Zielerreichung wirkt sich direkt auf die Höhe des Aufwandes aus. In diesem Fall ist ein unmittelbarer Zusammenhang zur Wirtschaftlichkeit gegeben.

Beispiele hierfür sind:

- geringere Kapitalbindung: geringerer Zinsaufwand
- geringerer Fertigungsaufwand: weniger Rüstlöhne
- höhere Kapazitätsauslastung: weniger Lohnaufwand für Personalwartezeit
- höhere Termintreue: weniger Konventionalstrafen
- gleichmäßigere Kapazitätsauslastung: weniger Überstundenzuschläge

(2) Führt eine höhere Kapazitätsauslastung zu einer M e n g e n e r h ö h u n g , kann, sofern sich die zusätzlichen Produktionsstückzahlen absetzen lassen, eine Bewertung über die zusätzlich erwirtschafteten D e k k u n g s b e i t r ä g e durchgeführt werden /33/.

(3) Zur Bewertung der Auswirkungen einer v e r b e s s e r t e n M a r k t p o s i t i o n auf den Ertrag über eine Preis- oder Absatzmengenerhöhung ist das Marktverhalten quantitativ in die Betrachtungen einzubeziehen, was jedoch praktisch nicht möglich ist /34,35/. Dieser m o n e t ä r n i c h t q u a n t i f i z i e r b a r e Nutzen läßt sich in der Wirtschaftlichkeitsrechnung nur berücksichtigen, wenn im Sinne des innerbetrieblichen Informationsmarktes ein m o n e t ä r e s Ä q u i v a l e n t vom betroffenen Fachbereich geschätzt wird.

Mit Hilfe anderer Bewertungsverfahren - z.B. der Nutzwertanalyse /36/ - , läßt sich zwar auch der monetär nicht quantifizierbare Nutzen in eine Wirtschaftlichkeitsbeurteilung einbeziehen, diese Verfahren beruhen aber - ähnlich wie der innerbetriebliche Informationsmarkt - auf einer subjektiven Gewichtung der einzelnen Teilziele, so daß diese Bewertungsverfahren im Rahmen dieser Arbeit nicht behandelt werden.

5 Ableitung des Analysemodells

5.1 Problemstellung

Das Analysemodell wird als Instrument zur Schwachstellenanalyse von EDV-unterstützten Fertigungssteuerungssystemen benötigt. Es soll insbesondere ermöglichen, die Wirkzusammenhänge zwischen Informationsystem und Fertigungsprozeß aufzuzeigen, die Auswirkungen von Schwachstellen im Informationssystem auf den Fertigungsprozeß zu quantifizieren und letztlich zu erwartende Verbesserungen hinsichtlich der Ausprägung von Faktoren bei einer Veränderung des EDV-unterstützten Fertigungssteuerungssystems zu ermitteln.

5.2 Ermittlung des Informationsnutzens

Um verschiedene Fertigungssteuerungssysteme hinsichtlich ihrer Wirtschaftlichkeit miteinander vergleichen zu können, ist zu ermitteln, in welchem Maße sich die Zielerreichung bei diesen Fertigungssteuerungssystemen voneinander unterscheidet. Hierbei handelt es sich um ein Problem der Ermittlung des Informationsnutzens, da Unterschiede in der Zielerreichung aus unterschiedlichen Informationen resultieren, die im Fertigungssteuerungssystem vorhanden sind und zur Steuerung des Fertigungsprozesses verwendet werden. Im folgenden werden vorhandene Ansätze zur Ermittlung des Informationsnutzens diskutiert, und es wird eine im Hinblick auf EDV-unterstützte Fertigungssteuerungssysteme geeignete Vorgehensweise abgeleitet.

5.2.1 Entscheidungsorientierter Bewertungsansatz

In der betriebswirtschaftlichen Literatur finden sich eine Reihe von Ansätzen, den Nutzen oder Wert einer Information zu bestimmen. Diese gehen im wesentlichen auf Marshak /37/ zurück. Der Wert einer Information wird dabei am "Wertzuwachs des Entscheidungswertes der Entscheidung, die aufgrund des verbesserten Wissens getroffen werden kann, im Vergleich zum Entscheidungswert der vor Informationsnutzung optimalen Entscheidung" /38/ gemessen.

Bei den Bewertungsansätzen kann man zunächst zwischen der nachträglichen (retrospektiven) und der vorausschauenden (prospektiven) Bewertung unterscheiden (Bild 6). Die nachträgliche Bewertung ist einfach und sicherlich in vielen Fällen möglich /12/. Dieser Bewertungsansatz wird aber in der Literatur nicht weiter verfolgt, da "sich die Praxis nicht mit der nachträglichen Bewertung zufrieden geben kann, sondern gerade im vorhinein wissen will, wie die zu gewinnende Information vom voraussichtlichen Nutzen her zu beurteilen wäre, und ob es wirtschaftlich vertretbar ist, Arbeit, Kapital und Zeit für ihre Gewinnung einzusetzen" /12/.

Ein Problem tritt bei beiden Bewertungsansätzen gleichermaßen auf: Da in der betrieblichen Praxis ein materielles Ergebnis nicht von e i n e r Information und e i n e r Entscheidung, sondern von einer V i e l z a h l von Informationen und voneinander abhängigen Entscheidungen bestimmt wird, ist die praktische Zuordnung von materiellem Nutzen zu Informationen oder Entscheidungen sehr schwierig /33/.

Bild 6: Pro- und retrospektive Ermittlung des Informationsnutzens

5.2.2 Prospektiver Bewertungsansatz

Bild 7 zeigt, auf welchem Wege sich eine Information auf die Zielerreichung auswirkt. Zur vorausschauenden Ermittlung der direkten und indirekten Wirkungen von Informationen sind eine Reihe von Prognosen erforderlich, die "theoretische und praktische Schwierigkeiten implizieren" /12/. In der Literatur existieren eine Reihe von Ansätzen, die Prognoseprobleme zu lösen /39,40, u.a./, zu praktischen Ergebnissen haben diese Ansätze jedoch noch nicht geführt.

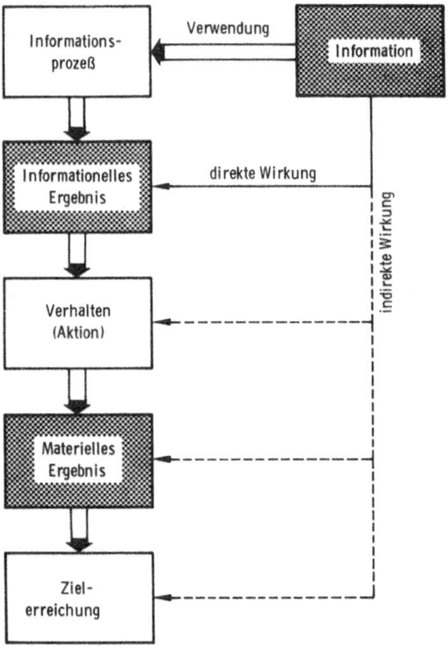

Bild 7: Wirkzusammenhang zwischen Information und Zielerreichung nach WILD /12/

Teilweise wird auch die Lösbarkeit der Probleme generell in Frage gestellt /9/. Begründet wird das mit dem o.a. Zuordnungsproblem sowie mit der "Nichtvorhersagbarkeitsthese" /12/. Das Problem der Nutzensermittlung wird dabei mit einem "logischen Zirkel" verglichen: Um den Wert einer Information beurteilen zu können, müßte man sie besitzen, ..." /12/.

Um Informationsnutzenbestimmungen mit vertretbarem Aufwand durchführen zu können, kann die "Forderung nach Optimalität und theoretischer Richtigkeit" /33/ nicht aufrecht erhalten werden. Somit ist auch die Bestimmung des Nutzens von Informationen, die von EDV-unterstützten Fertigungssteuerungssystemen bereitgestellt werden, nur näherungsweise möglich.

5.2.3 Informationsnutzenbestimmung in EDV-unterstützten Fertigungssteuerungssystemen

Die im vorangegangenen Abschnitt aufgezeigten Probleme der Informationsnutzenermittlung bei Einzelentscheidungen werden vielfach auf Informationssysteme übertragen, so daß auch hier der Schluß gezogen wird, daß der Nutzen der Informationsverarbeitung nicht ermittelt und quantifiziert werden kann. "Die Auswirkungen besserer Informationen auf die Zielerreichung entziehen sich einer Quantifizierbarkeit. Als gewisse Heuristiken - und nur als das - lassen sich im günstigsten Falle die erwarteten Einsparungen an Personal, Raum, Material und Kapazität heranziehen" /9/.

Für EDV-unterstützte Fertigungssteuerungssysteme trifft dieser Schluß aus zwei Gründen nicht zu:

(1) Ein Zusammenhang zwischen der Ausprägung von Faktoren des Fertigungsprozesses und Merkmalen der Fertigungssteuerung ist grundsätzlich erwiesen /14,19,41/.

(2) Bei der Nutzenermittlung der EDV-unterstützten Fertigungssteuerung ist nicht der Nutzen einzelner Informationen zu bestimmen, sondern der Zusammenhang zwischen der Ausprägung der Faktoren einerseits und der Gestaltung des Informationssystems andererseits.

Wesentliches Merkmal der Fertigungssteuerung ist, daß gleichartige Entscheidungssituationen immer wieder auftreten. Beispiele für solche Entscheidungssituationen sind die Nachbestellung von verbrauchsgesteuert disponiertem Material oder die Ermittlung eines Auftragsbeginntermins bei gegebenem Endtermin. Das Verhalten der Entscheidungsträger wird dabei bestimmt durch die bei der Entscheidung zur Verfügung stehenden I n f o r m a t i o n e n sowie die E n t s c h e i d u n g s r e g e l n (Bild 8).

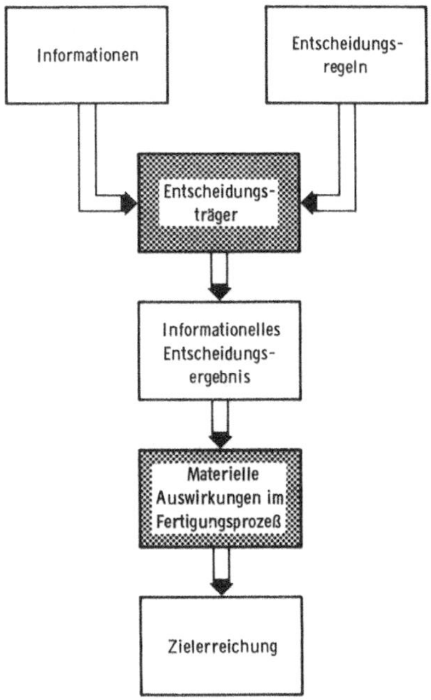

Bild 8: Wirkzusammenhang zwischen Informationen, Entscheidungsregeln und Zielerreichung

Ist im Rahmen eines EDV-unterstützten Fertigungssteuerungssystems der Rechner Entscheidungsträger, so werden die Entscheidungen nach festliegenden, exakt formulierten E n t s c h e i d u n g s r e g e l n getroffen. Ist der Mensch Entscheidungsträger, so läßt sich zwar keine "eindeutige Beziehung zwischen der Güte einer Entscheidung und der Güte der Information" /42/ feststellen, da es sich jedoch um Routine-Entscheidungen handelt, reagiert der menschliche Entscheidungsträger in der Regel "nicht kreativ, sondern gewohnheitsmäßig" /31/. Sind Eingangsinformationen und Entscheidungsregeln bekannt, so kann also auch bei menschlichen Entscheidungsträgern das Entscheidungsergebnis prognostiziert werden.

Solange das Informationssystem nicht verändert wird, ändert sich auch der Charakter der bei einer Entscheidung zur Verfügung stehenden I n f o r m a t i o n e n nicht. Bei der Nachbestellung verbrauchsgesteuert disponierten Materials stehen z.B. immer Informationen zum aktuellen Lagerbestand und zum Verbrauch zur Verfügung.

Um die Auswirkungen von Änderungen des Fertigungssteuerungssystems auf die Faktoren des Fertigungsprozesses zu ermitteln, wird ausgehend von dem in Bild 8 aufgezeigten Zusammenhang eine Vorgehensweise vorgeschlagen, die von der Analyse des bisherigen Entscheidungsverhaltens ausgeht (Bild 9). Dieses Entscheidungsverhalten ist so zu analysieren, daß auch ermittelt werden kann, wie die Entscheidungsträger bei veränderten Informationen oder Entscheidungsregeln entschieden hätten, um daraus auf ihr künftiges Verhalten schließen zu können.

Diese Vorgehensweise vereinigt Elemente des prospektiven und retrospektiven Bewertungsansatzes, da untersucht wird, in welchem Maße in der Vergangenheit die Ausprägung der Faktoren des Fertigungsprozesses hätte verbessert werden können, wenn man mit anderen Informationen oder Entscheidungsregeln entschieden hätte.

Bild 9: Ermittlung des Informationsnutzens in EDV-unterstützten Fertigungssteuerungssystemen

5.3 Ursachen steuerungsbedingten Mehraufwandes

Im Rahmen der Wirtschaftlichkeitsanalyse sind Ansatzpunkte zur Verbesserung des EDV-unterstützten Fertigungssteuerungssystems zu finden. Voraussetzung hierfür ist die Kenntnis der möglichen Ursachen dafür, daß der Fertigungsprozeß nicht "optimal" im Sinne der in 4.1 aufgezeigten Ziele abläuft oder ablaufen kann. Die möglichen Ursachen werden im folgenden aufgezeigt.

5.3.1 Distanzen zwischen Informationssystem und Fertigungsprozeß

Die Abbildung eines realen Systems (Fertigung) durch ein Informationssystem (EDV-unterstützte Fertigungssteuerung) kann nur unvollständig sein. KOREIMAN /43/ begründet dies mit vier verschiedenen Arten von "Distanzen", deren Auftreten bei der Abbildung eines realen Systems durch ein Informationssystem zwangsläufig ist:

Zeitliche Distanzen ergeben sich dadurch, daß der Abbildungsvorgang selbst zeitkonsumierend ist. Wenn z.B. die Information, daß ein Arbeitsgang beendet ist, im Rahmen des Informationssystems verwendet wird, kann ein nächster Arbeitsgang bereits begonnen sein.

Sachliche Distanzen resultieren aus unvollkommenen oder fehlerhaften Informationsprozessen, z.B. unvollständigen Rückmeldungen aus der Werkstatt.

Informationelle Distanzen treten auf, wenn für Planungsvorgänge Annahmen über den zukünftigen Ablauf des Fertigungsprozesses gemacht werden. Sofern der Fertigungsprozeß dann anders abläuft, führt das zu Distanzen zwischen Informationen über den tatsächlichen Fertigungsablauf und denjenigen, die den prognostizierten Ablauf beschrieben.

Als kognitive Distanzen werden solche Distanzen bezeichnet, die aus der unvollständigen Darstellung von Werten, Zielen und Wünschen des Anwenders sowie seiner Prognosen von zukünftigen Wirkzusammenhängen resultieren. Sie sind nicht zu vermeiden, da der Anwender nicht in der Lage ist, seine "Vorstellungen und Verhaltensweisen explizit zu artikulieren".

5.3.2 Einschränkungen des Sollablaufes

Im Hinblick auf den Untersuchungsgegenstand "EDV-unterstütztes Fertigungssteuerungssystem" können die in 5.3.1 wiedergegebenen Überlegungen noch vertieft werden.

EDV-unterstützte Fertigungssteuerungssysteme werden mit dem Ziel eingesetzt, den Fertigungsprozeß im Sinne der in 4.1 genannten Ziele zu gestalten. Zu diesem Zweck wird durch das EDV-Verfahren ein Sollablauf erstellt, anhand dessen der B e n u t z e r (Disponent, Einkäufer, Meister etc.) den F e r t i g u n g s p r o z e ß steuert (Bild 10). Dieser Sollablauf wird in Form von Fertigungsaufträgen, Bestellvorschlägen, Maschinenbelegungslisten o.ä. dargestellt.

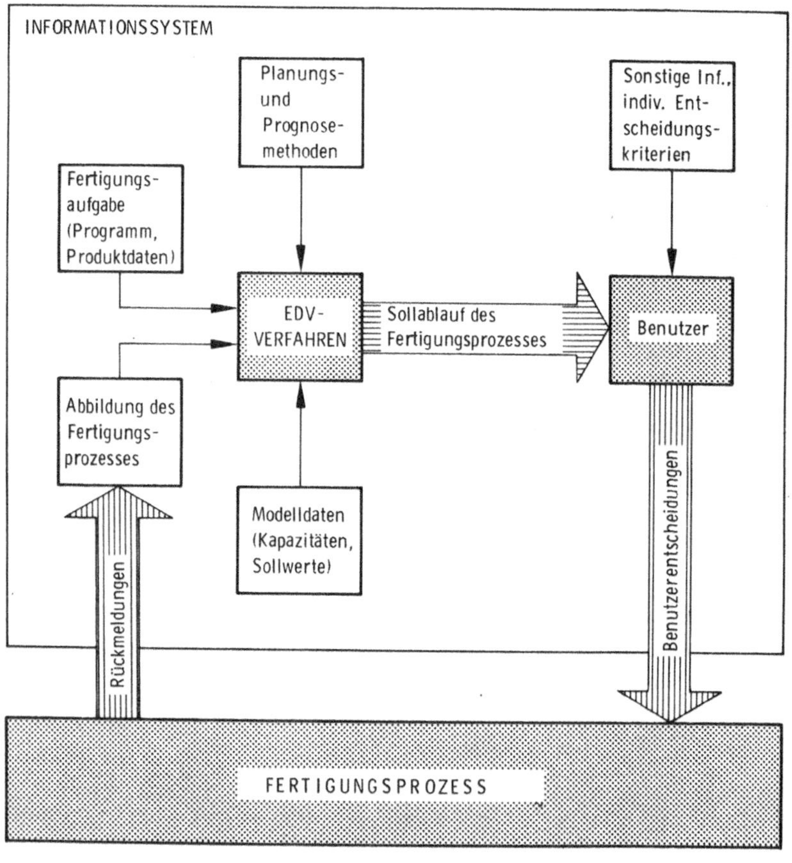

Bild 10: Wirkungsorientiertes Modell von Fertigungssteuerung und Fertigungsprozeß

Ausgangspunkt für die Erstellung des Sollablaufes ist eine A b b i l d u n g d e s F e r t i g u n g s p r o z e s -

s e s , die insbesondere Informationen über Bestände und den Arbeitsfortschritt enthält.

Die F e r t i g u n g s a u f g a b e umfaßt die Vorgabe der herzustellenden Fertigprodukte mit Mengen und Terminen sowie die Beschreibung von Produkt und Fertigungsablauf (z.B. Stücklisten, Arbeitspläne).

Mit Hilfe von P l a n u n g s - u n d P r o g n o s e - m e t h o d e n ist der Sollablauf so zu gestalten, daß er alle zur Erfüllung der Fertigungsaufgabe notwendigen Aktivitäten im Fertigungsprozeß anstößt, wobei diese unter Berücksichtigung der in 4.1 genannten Zielsetzungen festgelegt werden. Beispiele für Planungsmethoden sind die Dispositionsstufenmethode zur Bedarfsermittlung und der Kapazitätsabgleich durch zeitliches oder örtliches Verschieben von Arbeitsgängen. Prognosemethoden sind u.a. gleitende Mittelwertbildung und exponentielle Glättung, mit denen der Bedarf vorhergesagt werden kann /26/.

Zur Erstellung des Sollablaufes werden letztlich noch Informationen über Eigenschaften des Fertigungsprozesses benötigt, die in Bild 10 als M o d e l l d a t e n bezeichnet sind. Wichtige Eigenschaften sind z.B. die zur Verfügung stehende Fertigungskapazität, mittlere Durchlaufzeiten oder Lieferzeiten für Rohmaterial.

Wie Bild 11 zeigt, sind alle vier Eingangsgrößen mit Mängeln behaftet, die zwangsläufig dazu führen, daß der Sollablauf nicht optimal im Sinne der in 4.1 genannten Ziele sein kann. Diese Mängel sind in Bild 11 den Distanzursachen entsprechend 5.3.1 zugeordnet.

DISTANZ / EINGANGS-GRÖSSENGRUPPE	zeitlich	sachlich	informationell	kognitiv
Abbildung des Fertigungsprozesses	nicht aktueller Stand bei Erstellung des Sollablaufes	unvollständige Rückmeldung		
Fertigungsaufgabe	nicht aktueller Stand von Fertigungsablauf oder Fertigungsprogramm bei Erstellung des Sollablaufes	unvollständige oder nicht genaue Beschreibung von Produkt und Fertigungsablauf	unvollständige Abstimmung des Fertigungsprogrammes mit den Fertigungsmöglichkeiten	
Planungs- und Prognosemethoden		Nichtberücksichtigen vorliegender, ergebnisrelevanter Informationen	Methoden liefern keine exakte Beschreibung des künftigen Ablaufes	unvollständige Berücksichtigung der betrieblichen Ziele
Modelldaten	nicht aktueller Stand der Modelldaten bei Erstellung des Sollablaufes	unvollständige Darstellung der Eigenschaften des Fertigungsprozesses	abweichendes Verhalten des Fertigungsprozesses wegen zufälliger Einflüsse	

Bild 11: Distanzursachen in EDV-unterstützten Fertigungssteuerungssystemen

5.3.3 Distanzen zum Optimalablauf

Wie in 5.3 aufgezeigt, beschreibt der Sollablauf nicht den im Sinne der in 4.1 genannten Ziele optimalen Ablauf des Fertigungsprozesses. Es können daher drei Abläufe unterschieden werden (Bild 12).

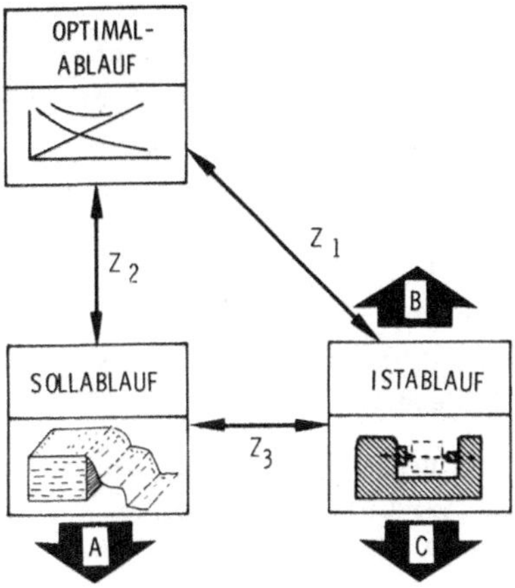

Richtung d. Veränderung			
Fall	Z_1	Z_2	Z_3
A	+	+	+
B	-	0	+
C	+	0	+

+: Zunahme der Distanz
-: Abnahme der Distanz
o: unverändert

A: Zunahme der Distanz von Sollablauf zu Optimalablauf
B: Abweichung vom Sollablauf im Sinne der wirtschaftlichen Ziele
C: Abweichung vom Sollablauf entgegen den wirtschaftlichen Zielen

Bild 12: Abläufe und Distanzen

Während der Sollablauf in Form von EDV-Ausgaben vorgegeben wird und der Istablauf durch den tatsächlichen Ablauf des Fertigungsprozesses gegeben ist, liegt der Optimalablauf nicht in geschlossener Form vor. Er läßt sich lediglich für begrenzte Fragestellungen konstruieren, wobei jedoch solchen Optimierungen vereinfachte Modelle des Fertigungsprozesses zugrunde gelegt werden müssen. Beispiele sind die Optimierung von Los-Losgrößen nach der Andlerschen Losgrößenformel oder von Arbeitsgangreihenfolgen unter Berücksichtigung des Rüstaufwandes /44/.

Von den im Bild 12 angegebenen Distanzen kann also nur die Distanz zwischen Sollablauf und Istablauf (Z_3) im Einzelfall durch Soll/Ist-Vergleiche ermittelt werden, während die Distanzen zum Optimalablauf nicht meßbar sind oder allenfalls hinsichtlich einzelner Kriterien näherungsweise bestimmt werden können.

Eine wirtschaftlichere Gestaltung des Fertigungsprozesses bedingt einen Abbau der Distanz Z_1, die nicht unmittelbar meßbar ist. Die Distanz Z_1 ist jedoch durch die Distanzen Z_2 und Z_3 erklärbar.

Die Ursachen für die Distanz Z_2 wurden in 5.3.2 aufgezeigt. Bei den Ursachen für die Distanz Z_3 ist im Sinne von Bild 12 zu unterscheiden, ob die daraus folgende Abweichung die Distanz Z_1 vergrößert oder verringert. Ursachen für Abweichungen, die zu einer Verringerung von Z_1 führen, sind:

(B1) Sachzwänge: Der Benutzer kann wegen Sachzwängen im Fertigungsprozeß, die im Sollablauf nicht berücksichtigt sind, diesen nicht einhalten.

(B2) Mängel im Sollablauf: Der Benutzer weicht im Sinne der wirtschaftlichen Ziele vom Sollablauf ab.

Die Distanz Z_1 vergrößern

(C1) individuelle Entscheidungskriterien des Benutzers, die den wirtschaftlichen Zielen zuwiderlaufen, sowie

(C2) Fehlinterpretationen des Sollablaufes durch den Benutzer.

Durch die Analyse von Soll/Ist-Abweichungen (Distanz Z_3) und deren Ursachen lassen sich sowohl Mängel im Sollablauf und damit im EDV-Verfahren und dessen Eingangsgrößen als auch Fehler des Benutzers erkennen. Das Analysemodell ist folglich so zu gestalten, daß es zur Analyse von Soll/Ist-Abweichungen und deren Ursachen geeignet ist.

5.4 Entscheidungsorientiertes Modell des Informationssystems

5.4.1 Das Informationssystem als Entscheidungsnetz

Um die Ursachen für Mängel im Sollablauf im einzelnen erkennen und quantifizieren zu können, wird ein detailliertes Modell des Informationssystems "EDV-unterstütztes Fertigungssteuerungssystem" benötigt. Das Informationssystem kann aufgefaßt werden als ein Netz von "Informationsgeneratoren", die in geordneter Beziehung untereinander stehen /43/. Diese Informationsgeneratoren empfangen Informationen, verknüpfen sie miteinander und geben sie weiter, fällen also in EDV-unterstützten Fertigungssteuerungssystemen die "Routineentscheidungen". Sie werden daher nachfolgend als E n t s c h e i d u n g s - t r ä g e r bezeichnet. Diese Entscheidungsträger können dabei sowohl Bausteine des EDV-Verfahrens als auch Benutzer des EDV-Verfahrens sein.

Jedes EDV-unterstützte Fertigungssteuerungssystem im Sinne der in 2.1.3 gegebenen Definition läßt sich als Netz von Entscheidungsträgern darstellen, wobei mindestens ein Entscheidungsträger ein EDV-Verfahren ist. Bild 13 zeigt als Beispiel ein EDV-unterstütztes Informationssystem, welches sieben Entscheidungsträger enthält. Beim Informationsfluß ist dabei unterschieden zwischen

- Fertigungsaufgabe,
- Abbildung des Fertigungsprozesses und
- Sollablauf.

Informationen zur Fertigungsaufgabe und zur Abbildung des Fertigungsprozesses werden von außen dem einzelnen Entscheidungsträger zur Verfügung gestellt, der hierauf Sollabläufe erstellt, die entweder an andere Entscheidungsträger weitergegeben werden oder unmittelbar den Fertigungsprozeß (Istablauf) beeinflussen.

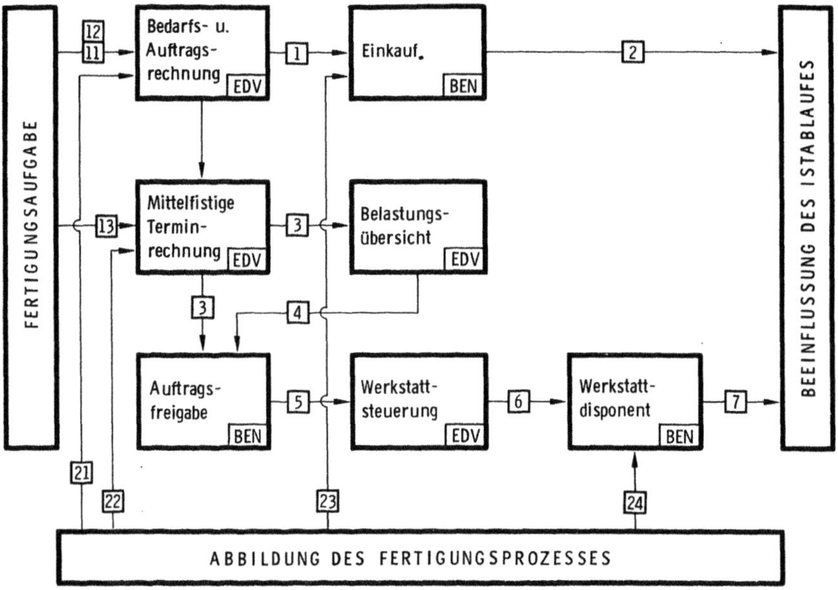

Legende:

SOLLABLAUF

1 Beschaffungsaufträge
2 Bestellungen
3 Terminierter Fertigungs-auftragsbestand
4 Belastung entsprechend terminierten Fertigungsauftragsbestand
5 Terminierte, freigegebene Fertigungsaufträge
6 Terminierte, freigegebene und mit Prioritäten versehene Fertigungsaufträge
7 Anweisung zu Auftrags- bzw. Arbeitsgangbeginn

FERTIGUNGSAUFGABE

11 Primärbedarf
12 Stücklisten
13 Arbeitspläne

ABBILDUNG DES FERTIGUNGS PROZESSES

21 Lager-, Auftragsbestände
22 Arbeitsfortschritt (in Arbeit befindliche Aufträge)
24 Aktueller Arbeitsfortschritt
23 Bestellbestand

[EDV] Entscheidungsträger EDV-Verfahren

[BEN] Entscheidungsträger Benutzer

Bild 13: Beispiel für ein entscheidungsorientiertes Modell eines EDV-unterstützten Fertigungssteuerungssystems

In Erweiterung der in Bild 10 gegebenen Darstellung wird also nicht mehr ein EDV-Verfahren unterstellt, welches ohne Eingriffsmöglichkeiten einen Sollablauf erstellt, sondern es wird berücksichtigt, daß in der Regel sowohl Eingriffsmöglichkeiten für die Benutzer vorhanden sind als auch EDV-Verfahren zur Fertigungssteuerung aus mehreren Teilen bestehen, die jeweils Zwischenergebnisse liefern und auch in unterschiedlichen Zyklen ablaufen können.

5.4.2 Die Einzelentscheidung im Entscheidungsnetz

Im Abschnitt 5.2.3 wurde die Notwendigkeit aufgezeigt, im Rahmen der Wirtschaftlichkeitsanalyse zur Ermittlung der Informationswirkungen die Entscheidungen innerhalb des Informationssystems genauer zu untersuchen. Dabei sind Eingangsinformationen, Entscheidungsregeln und Entscheidungsergebnisse vergangener Entscheidungen soweit zu rekonstruieren, daß ermittelt werden kann, wie die Entscheidungsergebnisse bei anderen Eingangsinformationen oder anderen Entscheidungsregeln ausgefallen wären.

In EDV-unterstützten Fertigungssteuerungssystemen liegen dabei die Entscheidungsergebnisse in Form von Sollabläufen vor (Bild 14). Die Entscheidungsergebnisse werden dabei von Eingangsinformationen und *Entscheidungsregeln* bestimmt. Sofern ein EDV-Verfahren Entscheidungsträger ist, ist durch die *Planungs- und Prognosemethoden* ein determinierter Zusammenhang zwischen Eingangsinformationen und Entscheidungsergebnis gegeben, bei personellen Entscheidungsträgern ist wegen der *individuellen Entscheidungskriterien* nur eine näherungsweise Ermittlung des Zusammenhanges zwischen Eingangsinformationen und Entscheidungsergebnissen möglich (vergl. 5.2).

Die *Modelldaten* werden nicht den Eingangsinformationen, sondern den Entscheidungsregeln zugeordnet, da

- Auswahl und Festlegung der Modelldaten von den Methoden abhängig sind, in denen sie verwendet werden,
- sie keinen laufenden, zwangsweisen Veränderungen unterliegen wie Fertigungsaufgabe, Abbildung des Fertigungsprozesses und Sollabläufe sowie
- Modelldaten nicht Bestandteile des ständigen Informationsflusses zwischen den Entscheidungsträgern, sondern einzelnen Entscheidungen fest zugeordnet sind.

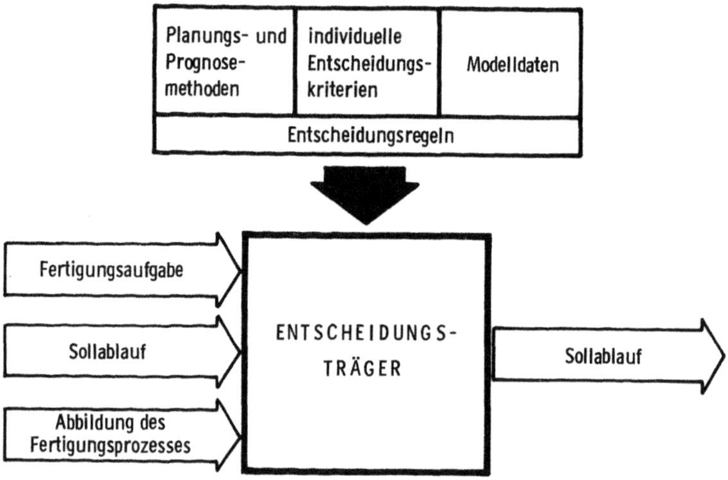

Bild 14: Die Einzelentscheidung im Entscheidungsnetz

Das in Bild 13 und 14 dargestellte Modell kann als Grundlage für die Erfassung und Beschreibung des Entscheidungsablaufes mit Entscheidungsregeln und Eingangsinformationen in einem EDV-unterstützten Fertigungssteuerungssystem dienen. Die genaue Struktur des Entscheidungsnetzes - also Art und Anzahl der Entscheidungsträger und der sie verbindende Informationsfluß - ist betriebsspezifisch, ist also zur Anwendung des Analysemodells im Einzelfall zu ermitteln.

5.4.3 Zeitabhängige Änderungen von Sollabläufen

Der von einem Entscheidungsträger erstellte Sollablauf enthält Vorgaben mit einer bestimmten zeitlichen Reichweite (Planungshorizont) und wird bei den heute üblichen EDV-Verfahren, die im Stapelbetrieb ablaufen, in regelmäßigen Abständen (Planungszyklen) erstellt. Der Planungshorizont ist in der Regel wesentlich größer als der Planungszyklus, so daß sich die Zeiträume überlappen, für die verschiedene Sollabläufe vorliegen (Bild 15). Daraus folgt, daß für den selben Zeitraum zu verschiedenen Zeitpunkten unterschiedliche Sollabläufe vorliegen. Dieses ist unproblematisch, solange die Sollabläufe für gleiche Zeiträume gleiche Planvorgaben enthalten. Bedingt durch Änderungen von Einflußgrößen ist das jedoch häufig nicht der Fall. Beispiele für die Änderung von Einflußgrößen sind Stückzahlerhöhungen im Produktionsprogramm /45/ und Schwankungen der verfügbaren Kapazität.

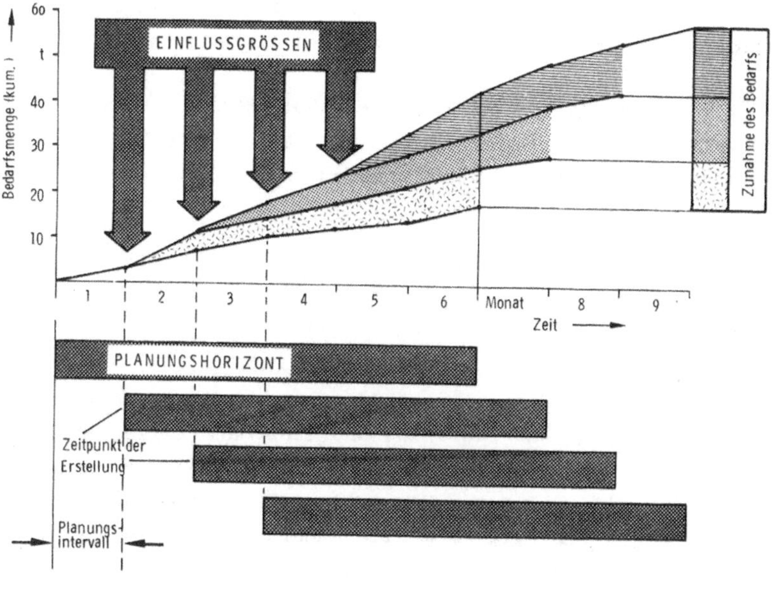

Bild 15: Zeitabhängige Änderungen eines Sollablaufes

Ist die Ausprägung eines Faktors von verschiedenen Entscheidungen abhängig, die zu unterschiedlichen Zeitpunkten gefällt werden, so wirken sich die Änderungen der Sollabläufe auf die Ausprägung des Faktors aus. Eine Erhöhung des Bedarfs für ein Eigenfertigungsteil (vgl. Bild 15) hat beispielsweise zur Folge, daß der Bedarf auch für das zugehörige Rohmaterial zunimmt. Die Entscheidung über die Beschaffung des Rohmaterials wird aber zu einem früheren Zeitpunkt getroffen als die Entscheidung, einen Auftrag für dieses Teil aufzulegen. Eine Erhöhung des Bedarfs für das Teil hat also einen Minderbestand bei dem entsprechenden Rohmaterial zur Folge.

5.5 Quantifizierung von Wirkzusammenhängen mit Hilfe des Analysemodells

Um quantitative Aussagen über die Beeinflussung des Fertigungsprozesses durch das Informationssystem "EDV-unterstützte Fertigungssteuerung" machen zu können, ist es notwendig, vergleichbare Größen in Fertigungsprozeß und Informationssystem zu definieren.

Der Fertigungsprozeß läßt sich durch eine Vielzahl von "Ereignissen" beschreiben, wobei diese Ereignisse gekennzeichnet sind durch

- Art des Ereignisses,
- betroffene Gegenstände,
- Menge,
- Termin.

Beispiele für solche Ereignisse sind ein Bearbeitungsbeginn eines Auftrages auf einer Maschine und eine Materialentnahme. Eine Folge von Ereignissen, die sich auf denselben Gegenstand beziehen, wird als "Ist-Verlauf" bezeichnet. Beispiele für Ist-Verläufe sind alle Änderungen des Belegungszustandes einer Maschine (Auftragsbeginn, Auftragsende, Störungsbeginn, Rüstende...) oder der Verlauf von Lagerentnahmen einer Lagerposition. Die Ausprägung von Faktoren des Fertigungsprozesses läßt sich unmittelbar oder unter Hinzuziehung von Sollvorgaben aus solchen Ist-Verläufen ableiten.

Die innerhalb des Informationssystems erstellten Sollabläufe enthalten Vorgaben zu den Ereignissen des Fertigungsprozesses. Ebenso wie im Fertigungsprozeß lassen sich auch hier Vorgaben zu Ereignissen, die gleiche Gegenstände betreffen, zu "Soll-Verläufen" zusammenfassen.

Weitere meßbare Größen im Analysemodell (Bild 16) sind die Abbildung des Fertigungsprozesses und die Modelldaten. Während sich in der Abbildung des Fertigungsprozesses wiederum die Abbildungen einzelner Ereignisse zu Verläufen zusammenfassen lassen, enthalten die Modelldaten keine Angaben zu einzelnen Ereignissen. Von den in Bild 16 angegebenen meßbaren Größen lassen sich also Soll-Verläufe, Ist-Verläufe und Verläufe aus der Abbildung des Fertigungsprozesses unmittelbar vergleichen, während Modelldaten mit Verdichtungen aus diesen Verläufen verglichen werden können. So können beispielsweise aus Ist-Verläufen Liefer- oder Durchlaufzeiten abgeleitet und mit den in den Modelldaten enthaltenen Angaben abgeglichen werden.

Die Darstellung eines EDV-unterstützten Fertigungssteuerungssystems entsprechend dem Analysemodell ermöglicht zunächst die Ermittlung der Entscheidungen, die auf die einzelnen Faktoren des Fertigungsprozesses wirken. Quantitative Vergleiche von Ist- und Soll-Verläufen, die Ausgangsgrößen dieser Entscheidungen sind, sowie von Eingangsgrößen in Form der Abbildung des Fertigungsprozesses und der Modelldaten ermöglichen es darüber hinaus zu ermitteln, welchen Beitrag die einzelnen Entscheidungen und ihre Eingangsgrößen zur Ausprägung der Faktoren liefern. Die Auswahl der zu messenden Größen ist dabei vom zu untersuchenden Faktor sowie von der Struktur des jeweiligen Fertigungssteuerungssystems abhängig, so daß allgemeingültige Quantifizierungsmethoden nicht angegeben werden können. Bei der Analyse spezieller Fertigungssteuerungssysteme sind ausgehend von der Darstellung des Fertigungssteuerungssystems in Form des

Analysemodells p r o b l e m a n g e p a ß t e Q u a n t i f i z i e r u n g s m e t h o d e n abzuleiten.

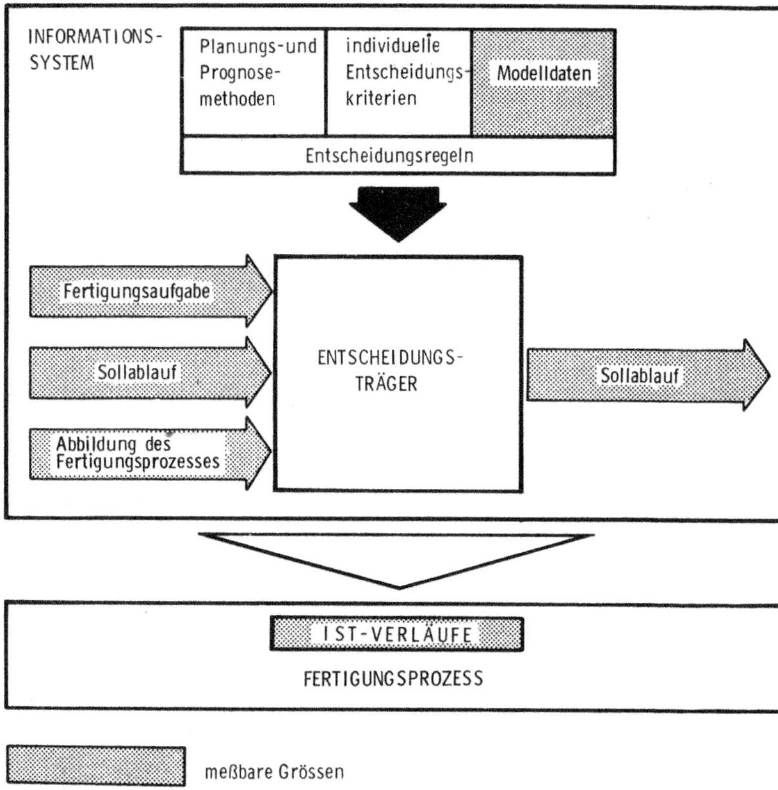

Bild 16: Meßbare Größen im Analysemodell

6 Vorgehensweise zur Wirtschaftlichkeitsanalyse

6.1 Die Vorgehensweise im Zusammenhang

Die erarbeitete Vorgehensweise zur Wirtschaftlichkeitsanalyse EDV-unterstützter Fertigungssteuerung ist im Bild 17 dargestellt.

Die G r o b a n a l y s e wird mit dem Ziel durchgeführt, diejenigen Faktoren des Fertigungsprozesses aufzufinden, deren Ausprägung durch Mängel des Informationssystems besonders beeinträchtigt ist. Dazu ist einerseits das Informationssystem auf Schwachstellen zu untersuchen, andererseits sind die in wirtschaftlicher Hinsicht wesentlichen, von der Fertigungssteuerung beeinflußten Faktoren des Fertigungsprozesses festzulegen.

Für die ausgewählten Faktoren wird im Rahmen der F a k t o r e n a n a l y s e ermittelt, in welchem Maße sich die Schwachstellen des Informationssystems auf die Ausprägung der Faktoren auswirken. Für die Faktoren Lagerbestand und Kapazitätsauslastung werden Quantifizierungsmethoden detailliert dargestellt.

Ausgehend von der genauen Kenntnis der Schwachstellen und ihrer Auswirkungen werden bei der E n t s c h e i d u n g s v o r b e r e i t u n g Alternativen zur Umgestaltung des Informationssystems konzipiert und es wird mit Hilfe einer Wirtschaftlichkeitsbeurteilung die Investitionsentscheidung vorbereitet.

6.2 Grobanalyse

6.2.1 Analyse des Informationssystems

Das Informationssystem wird mit dem Ziel analysiert, solche S c h w a c h s t e l l e n aufzufinden, die sich negativ auf die Ausprägung einzelner Faktoren des Fertigungsprozesses auswirken. Als Erhebungsmethode ist hierzu die Interviewmethode

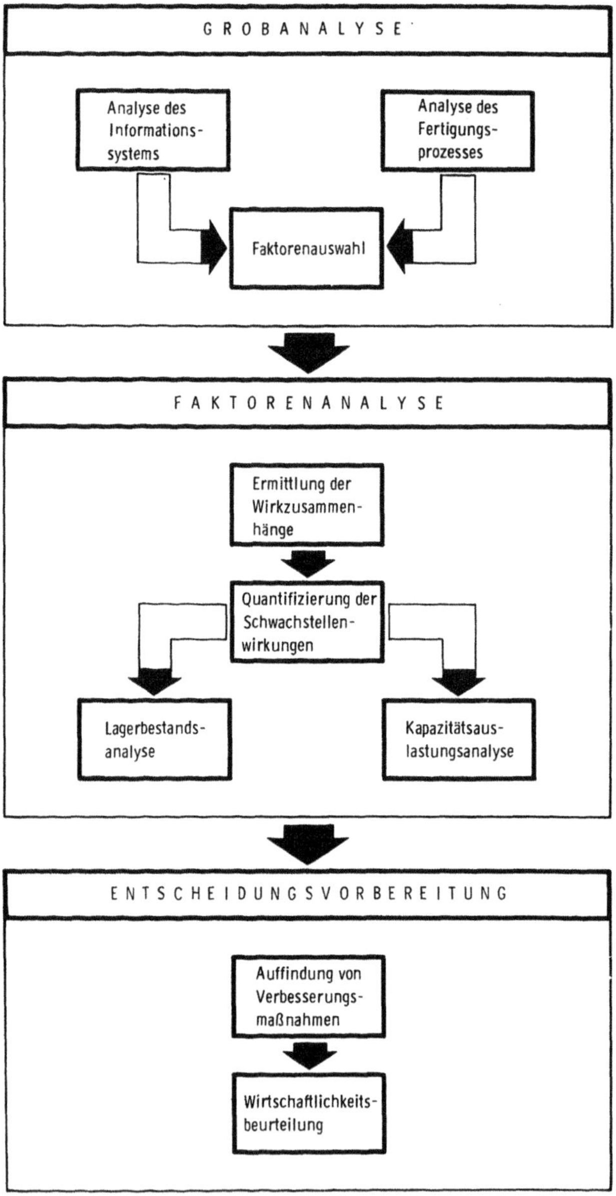

Bild 17: Vorgehensweise zur Wirtschaftlichkeitsanalyse

am besten geeignet [1] (Bild 18).

Erhebungsziel / Erhebungsmethode	Zeitanteile	Kommunikationsbez.	Wirkzusammenhänge	Schwachstellen	Neuvorschläge
Fragebogen	◐	◐	◐	◐	○
Bericht	◐	◐	◐	◐	◐
Ableitung	○	○	○	○	●
Interview	◐	◐	●	●	●
Selbstaufschreibung	●	●	○	○	○
Multimomentaufnahme	●	◐	○	○	○

● gut geeignet
◐ weniger geeignet
○ ungeeignet

Bild 18: Eignung von Erhebungsmethoden

In den Interviews sind sowohl Mitarbeiter zu befragen, die selbst steuernd tätig sind, als auch solche, die von den Ergebnissen der Steuerung unmittelbar abhängig sind. Einerseits sind die Sachverhalte, die zur Darstellung des Fertigungssteuerungssystems entsprechend dem Analysemodell benötigt werden, zu erfragen, andererseits sind Hinweise auf Schwachstellen im Informationssystem zu ermitteln.

Um sicherzustellen, daß auch solche Mängel im Informationssystem erkannt werden, die den Gesprächspartnern in den Interviews gar nicht als Mängel bewußt sind, ist es notwendig, bei der Vorbereitung der einzelnen Interviews mögliche Schwachstellen zusammenzustellen. Um diese Vorbereitung zu vereinfachen, wurden im Rahmen dieser Arbeit aus einer Reihe eigener Betriebsuntersuchungen des Autors sowie aus Erfahrungsberichten einer Vielzahl von Anwendern /49/ mögliche Schwachstellen zusammengetragen und in einem Katalog geordnet, der im Anhang beigefügt ist.

1) Zur Definition und Eignung der Erhebungsmethoden siehe /46,47,48/

AUFGABEN \ DISTANZURSACHEN		FERTIGUNGS-AUFGABE				ABBILDUNG DES FERTIGUNGS-PROZESSES						MODELL-DATEN				BENUTZER			
		Primärbedarf	Produktbeschreibung (Stücklisten)	Beschr. d. Fertig. ablaufs (Arbeitspl.)	Technische Änderungen	Meldung Lagerbestände	Meldung Auftragsanfang	Meldung Auftragsende	Meldung Arbeitsganganfang	Meldung Arbeitsgangende	Teilmengenmeldung	Kapazitätsdaten	Betriebsmitteldaten	Fristen	PLANUNGS- UND PROGNOSEMETHODEN	Sachzwänge	Abfangen von Mängeln	Individuelle Kriterien	Interpretationsfehler
PROGRAMM-BILDUNG	Produktionsprogramm bilden	A 1										K 1	L 1		N 1				R 1
	Fertigungsprogramm bilden	A 2										K 2			N 2				R 2
MATERIAL-BEDARFS-ERMITTLUNG	Bruttobedarfsermittlung	A 3	B 3		D 3										N 3				R 3
	Bedarfsprognose														N 4			Q 4	R 4
	Zusatzbedarfsermittlung					E 5							L 5		N 5			Q 5	R 5
	Sicherheitsbestand ermitteln	A 6			D 6									M 6	N 6		P 6	Q 6	R 6
	Nettobedarfsermittlung				D 7									M 7	N 7				R 7
BESCHAFFUNGS-RECHNUNG	Beschaffungsvorschlag ermitteln				D 8	E 8								M 8	N 8	O 8	P 8	Q 8	R 8
	Materialreservierung					E 9					J 9	K 9			N 9	O 9	P 9	Q 9	R 9
	Fertigungsauftragsdatei führen				D 10	E 10	F 10	G 10	H 10	I 10	J 10				N 10			Q 10	R 10
FERTIGUNGS-DURCHLAUF TERMINIEREN	Terminermittlung f. Fertigungsaufträge											K 11		M 11	N 11			Q 11	R 11
	Terminabstimmung f. Fert. aufträge				D 12							K 12	L 12		N 12	O 12		Q 12	R 12
	Verfügbarkeitsprüfung f. Fert. aufträge					E 13	F 13	G 13				K 13	L 13		N 13				R 13
KAPAZITÄTS-ABSTIMMUNG	Kapazitätsbestand anpassen	A 14										K 14	L 14		N 14	O 14	P 14		R 14
	Kapazitätsbedarf anpassen	A 15		C 15		E 15						K 15			N 15	O 15			R 15
AUFTRAGS-VERANLASSUNG	Arbeitsbelegerstellung		B 16	C 16	D 16										N 16				R 16
	Arbeitsverteilung				D 17					I 17			L 17		N 17	O 17	P 17	Q 17	R 17
FERTIG. ÜBERW.	Fertigungsfortschrittsüberwachung						F 18		H 18	I 18					N 18				R 18
SACHSTAMM-DATEI FÜHREN	Sachmerkmalerfassung		B 19																R 19
	Sachnummernvergabe		B 20																R 20
	Sachstammdateipflege		B 21		D 21									M 21					R 21
	Sachkatalogisierung																		R 22
ERZEUGNIS-STRUKTURDATEI FÜHREN	Erzeugnisstrukturdatei erstellen		B 23	C 23															R 23
	Erzeugnisstrukturdatei pflegen				D 24														R 24
	Stücklistenerstellung		B 25																R 25
ARBEITS-UNTERLAGEN BEARBEITEN	Arbeitsunterlagen erstellen			C 26	D 26														R 26
	Arbeitsplatzdatei führen											K 27							R 27
	Arbeitsunterlagendatei führen												L 28						R 28
LAGERBEWEGUNGS-RECHNUNG	Lagerbestandsfortschreibung					E 29		G 29			J 29				N 29				R 29
	Lagerbewegungsnachweis					E 30									N 30				R 30
WARENEINGANG	Warenannahme					E 31									N 31				R 31

Bild 19: Gliederung des Schwachstellenkataloges.
(siehe auch Anhang 1)

Bei der Gliederung des Schwachstellenkataloges (Bild 19) wurde einerseits zwischen einzelnen Aufgaben der Fertigungssteuerung in Anlehnung an /10/ unterschieden, andererseits zwischen den Distanzursachen (vgl. 5.3.1), um dadurch die Vorbereitung der Interviews zu erleichtern und die Zuordnung aufgefundener Schwachstellen zu Distanzursachen zu vereinfachen. Bedingt durch den unterschiedlichen Charakter der einzelnen Fertigungssteuerungsaufgaben treten nicht bei jeder Aufgabe alle Distanzursachen auf, so daß die Matrix in Bild 19 nicht vollständig besetzt ist und die Numerierung der Schwachstellengruppen Lücken aufweist.

Eine Gewichtung der ermittelten Schwachstellen unter Nachweis ihrer Auswirkungen auf den Fertigungsprozeß ist aufgrund der Interviewergebnisse allein noch nicht möglich. Es kann nur qualitativ festgestellt werden, auf welche Weise sich die Schwachstellen auf den Fertigungsprozeß auswirken.

6.2.2 Analyse des Fertigungsprozesses

Die Analyse des Fertigungsprozesses wird mit dem Ziel durchgeführt, Faktoren und deren Ausprägung zu ermitteln, die für die Wirtschaftlichkeit des Fertigungsprozesses von besonderer Bedeutung sind. Das dabei gewonnene Zahlenmaterial dient - im Zusammenhang mit den Ergebnissen der vorhergehenden Analyse des Informationssystems - als Grundlage für die Auswahl zu analysierender Faktoren.

Bild 20 zeigt zu ermittelnde Faktoren des Fertigungsprozesses sowie mögliche Klassifizierungsmerkmale zur Bildung von Teilbereichen. Die Bildung von Teilbereichen erfolgt dabei mit dem Ziel, Ansatzpunkte für Verbesserungsmaßnahmen auffinden zu können.

Welche Faktoren zu erfassen sind und welche Klassifizierungsmerkmale herangezogen werden, richtet sich im Einzelfall nach

- fertigungstechnischen und organisatorischen Gegebenheiten,
- der Bedeutung des Faktors für die Unternehmensziele und
- dem Erfassungsaufwand für die Daten.

Faktor \ Klassifizierungsmerkmal	lokal				sachbezogen			dispositiv				
	Fertigläger	Zwischenläger	Materialläger	Fertigungsbereiche	Materialgruppen	Teileart	Produktgruppe	Grundtyp/Variante	Dispositionsart	ABC-Klassen	Fertigungsdisponent	Einkäufer/Disponent
Umschlagshäufigkeit	●	●	●		●	●	●	●	●	●	●	●
Lagerbestand	●	●	●		●	●	●	●	●	●	●	●
Lieferbereitschaft	●	●	●		●	●	●	●	●	●	●	●
Werkstattbestand				●	●	●	●	●	●	●	●	
Durchlaufzeit				●		●	●	●	●	●	●	
Termintreue				●	●	●	●	●	●	●	●	●
Kapazitätsauslastung Maschinen				●		●					●	
Wartezeit Maschinen				●	●	●					●	
Rüstzeit (Maschinen/Personal)				●	●	●	●	●			●	
Überstunden Personal	●	●	●	●			●				●	
Wartezeit Personal				●	●	●						
Materialabweichungen				●	●							
Abweichendes Fertigungsverf.				●	●	●						

Bild 20: Faktoren des Fertigungsprozesses und Klassifizierungsmerkmale

Da es sich um eine Grobanalyse handelt, sollte aus Aufwandsgründen weitestgehend auf vorhandenes Datenmaterial zurückgegriffen werden.

Als D a t e n q u e l l e n kommen die Betriebsabrechnung (z.B. für Material- und Lohnabweichungen, Personalwartezeiten, Rüstzeiten und Überstunden) und in der Fertigungssteuerung eingesetzte Verfahren (z.B. für Lagerumschlagshäufigkeit und Lagerbestand, Werkstattbestand, Durchlaufzeit sowie Termintreue) in Betracht. Bereichsinterne Statistiken z.B. der Führungskräfte in der Fertigung können weitere Daten enthalten, insbesondere zur Kapazitätsauslastung oder zur Lieferbereitschaft. Direkte Erhebungen im Fertigungsprozeß sollten nur durchgeführt werden, sofern dieses im Hinblick auf die in 6.2.3 dargestellte Faktorenauswahl erforderlich ist.

6.2.3 Faktorenauswahl

Auf der Grundlage der vorliegenden Analyseergebnisse aus Informationssystem und Fertigungsprozeß ist abzuschätzen, in welchem Maße bei der Behebung der Schwachstellen die Faktoren beeinflußt werden. Neben den Erkenntnissen über die Auswirkung der Schwachstellen auf den Fertigungsprozeß, die aus der Analyse des Informationssystems vorliegen, können dazu auch die subjektiven Einschätzungen, die von Gesprächspartnern in Interviews über Verbesserungsmöglichkeiten gegeben wurden, herangezogen werden.

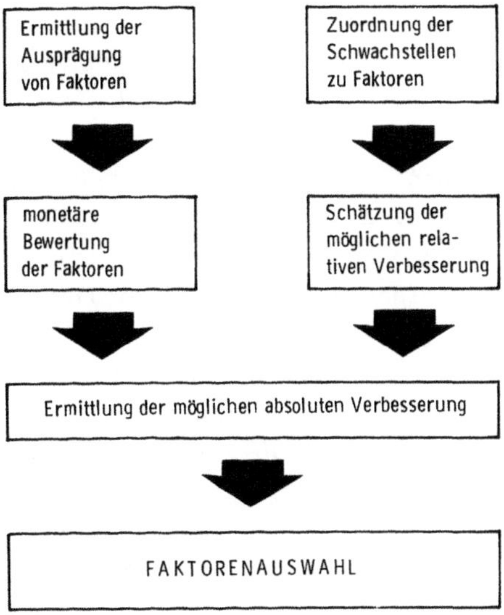

Bild 21: Faktorenauswahl

Die Gewichtung der Faktoren zur Faktorenauswahl (Bild 21) ergibt sich dabei aus dem absoluten Wert des Faktors und der erwarteten relativen Verbesserung. Es werden Faktoren für die weitere Untersuchung ausgewählt, bei denen die höchsten absoluten Verbesserungen zu erwarten sind.

6.3 Faktorenanalyse

Ziel dieses Untersuchungsabschnittes ist es, die Wirkzusammenhänge zwischen Schwachstellen im Informationssystem und Faktoren des Fertigungsprozesses nachzuweisen und zu quantifizieren. Die Ermittlung und Darstellung der Wirkzusammenhänge erfolgt dabei entsprechend dem in 5.3 aufgezeigten Modell des Informationssystems als Entscheidungsnetz. Aufbauend darauf wird dargestellt, wie im Einzelfall problemangepaßte Quantifizierungsmethoden entwickelt werden können.

6.3.1 Ermittlung der Wirkzusammenhänge

Zur Ermittlung der Wirkzusammenhänge ist festzustellen, welche Entscheidungen, die innerhalb des Informationssystems gefällt werden, mittelbar oder unmittelbar auf den ausgewählten F a k t o r wirken, an welchen Stellen des Entscheidungsnetzes die aufgefundenen S c h w a c h s t e l l e n Entscheidungsergebnisse beeinträchtigen und auf welchen Wegen sich diese bis auf den zu untersuchenden Faktor auswirken. Die Vorgehensweise zur Ermittlung der Wirkzusammenhänge ist in Bild 22 dargestellt.

Als Ergebnis liegt eine Darstellung vor, aus der sich ablesen läßt, auf welche Weise, d.h. über welche Entscheidungen und Sollabläufe, sich die aufgefundenen Schwachstellen auf die Ereignisse des Fertigungsprozesses und damit auf den ausgewählten Faktor und seine Komponenten auswirken.

Faktor in Komponenten gliedern, die unterschiedlichen Einflüssen unterliegen	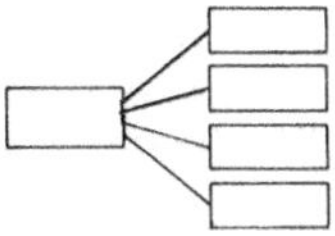
Ereignisse des Fertigungsprozesses ermitteln, die den Faktor oder seine Komponenten bestimmen	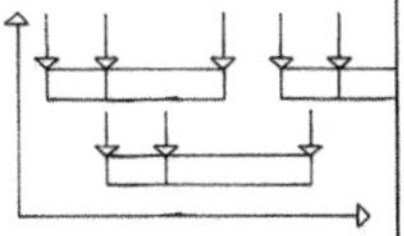
Entscheidungen ermitteln, die diese Ereignisse beeinflussen	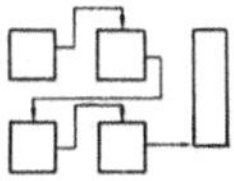
Bestimmungsgrößen der einzelnen Entscheidungen auffinden	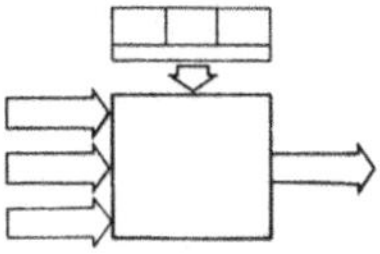
Aufgefundene Schwachstellen im Entscheidungsnetz kennzeichnen	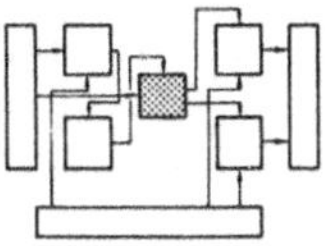

Bild 22: Ermittlung der Wirkzusammenhänge

6.3.2 Ableitung problemangepaßter Quantifizierungsmethoden

Ausgehend von den in 6.3.1 ermittelten Wirkzusammenhängen sind Methoden abzuleiten, die eine Quantifizierung der Auswirkungen von Schwachstellen auf den ausgewählten Faktor ermöglichen. Dazu sind

- die Stellen des Informationssystems, an denen Messungen vorgenommen werden sollen,
- die Untersuchungsobjekte und
- der Untersuchungszeitraum

festzulegen.

An welchen Stellen des Informationssystems Messungen vorzunehmen sind, ist von der Lage der Schwachstelle abhängig. Es ist zumindest der S o l l - V e r l a u f zu untersuchen, der von dem mit der Schwachstelle behafteten Entscheidungsträger erstellt wird. Daneben können weitere Soll-Verläufe einbezogen werden, die im Entscheidungsnetz zwischen diesem Entscheidungsträger und der untersten Entscheidungsebene (Beeinflussung des Ist-Ablaufes) liegen. In jedem Fall sind die den Soll-Verläufen entsprechenden Ist-Verläufe einzubeziehen.

Da Ereignisse auch von zu u n t e r s c h i e d l i c h e n Z e i t p u n k t e n erstellten Soll-Verläufen abhängen können, lassen sich nicht nur von unterschiedlichen Entscheidungsträgern erstellte Soll-Verläufe miteinander vergleichen, sondern auch zu unterschiedlichen Zeitpunkten vom gleichen Entscheidungsträger erstellte.

Bei der A u s w a h l d e r U n t e r s u c h u n g s - o b j e k t e sind drei Möglichkeiten zu unterscheiden (Bild 23). Die zur Ausprägung eines Faktors beitragenden Objekte (z.B. Materialpositionen, Maschinengruppen) können vollständig untersucht werden oder man kann sich auf eine Stichprobe beschränken, die entweder repräsentativ im statistischen Sinne oder im Hinblick auf das Untersuchungsziel ausgewählt ist. Welche dieser drei Möglichkeiten im Einzelfall vorzuziehen ist, ist von der jeweiligen Fragestellung und vom Analyseaufwand abhängig.

zu untersuchende Objekte	Aufwand	Aussagefähigkeit für Quantifizierung	vertiefende Aussagen zu Mängelursachen
vollständig	sehr hoch	vollständig	ja
zufällige Stichprobe	weniger hoch	mit statistischer Absicherung	nur teilweise
schwachstellenbezogene Stichprobe	weniger hoch	für wesentliche Teilbereiche vollständig	ja

Bild 23: Auswahl der Analyseobjekte

Bei der F e s t l e g u n g d e s U n t e r s u c h u n g s z e i t r a u m e s ist zu beachten, daß einzelne Entscheidungen, die innerhalb des Informationssystems getroffen werden, erst mit erheblichem Zeitverzug im Fertigungsprozeß wirksam werden können. Der Untersuchungszeitraum ist folglich so lang zu wählen, daß zu einem hinreichend großen Zeitabschnitt des Fertigungsprozesses auch die den Ablauf desselben beeinflussenden Entscheidungen erfaßt werden können. Weiterhin ist zu beachten, daß einzelne Einflußgrößen zyklischen, z.B. saisonalen Schwankungen unterliegen können. Der Untersuchungszeitraum ist, wenn solche Schwankungen vorliegen, so groß zu wählen, daß die Auswirkungen der Schwankungen auf den Fertigungsprozeß erkannt und bei der Analyse der Ergebnisse entsprechend berücksichtigt werden können.

6.3.3 Lagerbestandsanalyse

Lagerbestände sind so zu bemessen, daß bei möglichst geringer Bestandshöhe, also niedriger Kapitalbindung, eine möglichst hohe Lieferbereitschaft gegenüber dem Verbraucher (Teilefertigung, Montage oder Kunde) erreicht wird /50/.

Im Rahmen der Wirtschaftlichkeitsanalyse ist die Analyse von Lagerbeständen notwendig, wenn die Faktoren Bestandshöhe oder Lieferbereitschaft eines Lagers bei der Grobanalyse als zu untersuchende Faktoren ausgewählt wurden.

Die nachfolgend beschriebene Analysemethode wird unter Verwendung des in Bild 24 gegebenen Beispiels eines EDV-unterstützten Fertigungssteuerungssystems für die Analyse von Lägern mit fremdbezogenen Artikeln dargestellt.

6.3.3.1 Gewinnung von Soll- und Ist-Verläufen

Die zu Vergleichen geeigneten Verläufe werden zunächst unabhängig von möglichen Schwachstellen aufgezeigt, eine Zuordnung zu möglichen Schwachstellen wird anschließend gegeben.

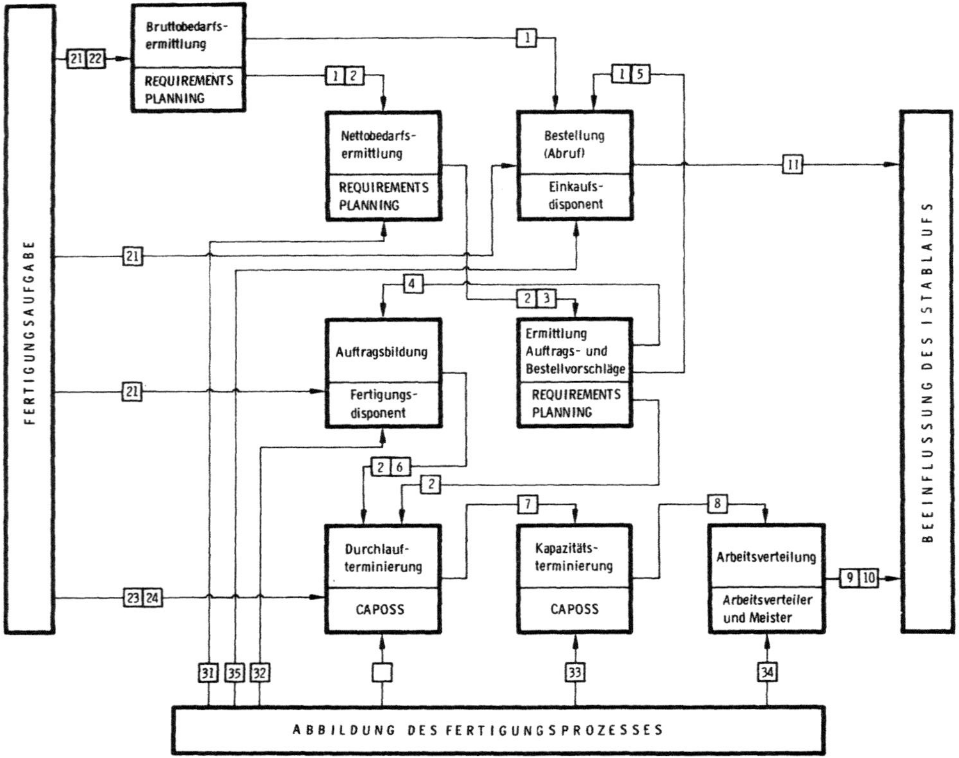

Legende:

SOLLABLAUF

1) Bruttobedarf
2) Verkettung über Dispositionsstufen
3) Nettobedarf
4) Auftragsvorschläge
5) Bestellvorschläge
6) Bestätigte Aufträge
7) Auszug aus Auftragsbestand mit terminierten Arbeitsgängen
8) Terminierte Arbeitsgänge und Prioritäten
9) Auftragsbeginn (= Lagerabgang Ausgangsmaterial)
10) Arbeitsgangbeginn
11) Bestellung (Liefertermin, -menge)

FERTIGUNGSAUFGABE

21) Fertigungsprogramm
22) Stücklisten
23) Fertigungsprogramm (Termine)
24) Arbeitspläne (Bearbeitungszeiten, Maschinengruppen)

ABBILDUNG DES FERTIGUNGSPROZESSES

31) Lager-, Werkstattbestände
32) Rückstände einzelner Fertigungskostenstellen
33) Arbeitsfortschritt (in Arbeit befindliche Aufträge)
34) Aktueller Arbeitsfortschritt
35) Aktuelle Bestände für Bezugsteile

Bild 24: Modell eines EDV-unterstützten Fertigungssteuerungssystems, verwendet für die Lagerbestandsanalyse

Die für die Bestandshöhe einer Lagerposition bestimmenden Ereignisse sind Lagerbewegungen, die gekennzeichnet sind durch

- Art des Ereignisses (Lagerzu- oder -abgang)
- betroffene Lagerposition
- Termin der Lagerbewegung
- Menge der Lagerbewegung

Der Bestand einer Lagerposition zum Zeitpunkt T läßt sich unter Verwendung der Verläufe von Zu- und Abgängen darstellen als

$$(1.1) \quad B(T) = B(o) + \sum_{o<t\leq T} Z(t) - \sum_{o<t\leq T} A(t)$$

Dabei sind:

B(o) : Bestand der Lagerposition zum Zeitpunkt t = o (Beginn des Betrachtungszeitraumes)

Z(t) : Zugangsmenge zum Zeitpunkt t

A(t) : Abgangsmenge zum Zeitpunkt t

Die Ist-Verläufe der Zu- und Abgänge sind dann zu definieren als

$$(1.2) \quad f_7(T) = B(o) + \sum_{o<t\leq T} Z(t)$$

$$(1.3) \quad f_1(T) = \sum_{o<t\leq T} A(t)$$

Dann gilt, wie in Bild 25 dargestellt:

$$(1.4) \quad B(t) = f_7(t) - f_1(t)$$

Aus den Vorgaben zu den Zu- und Abgängen einer Lagerposition lassen sich aus dem in Bild 24 gegebenen Beispiel fünf Soll-Verläufe ableiten (Bild 26).

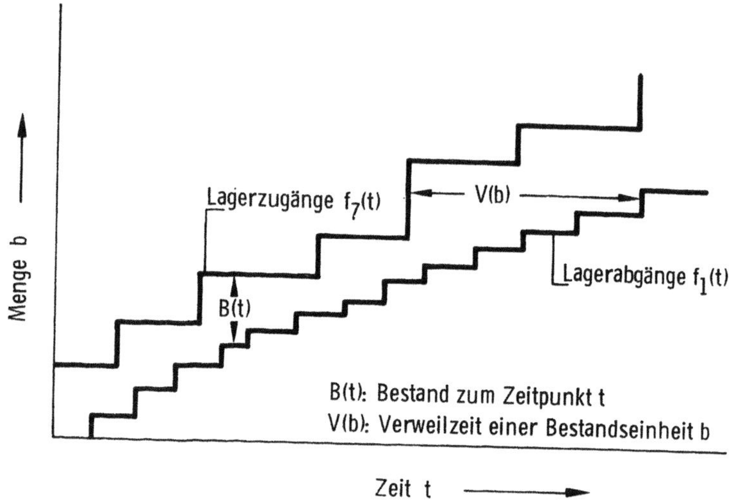

Bild 25: Lagerbestand im Zeit-Mengen-Diagramm

Bezeichnung	Herkunft Sollablauf	Zeitpkt. der Gültigkeit	Ereignis	Soll-Verlauf	Inhalt
A_2 (t)	8	t	Abgang	f_2 (t)	Materialbedarf laut Kapazitätsterminierung
A_3 (t)	6	t	Abgang	f_3 (t)	Materialbedarf laut Auftragsfestlegung
A_4 (t)	4	t-L	Abgang	f_4 (t)	Materialbedarf laut Auftragsvorschlag
Z_5 (t)	5	t-L	Zugang	f_5 (t)	Lieferung laut Bestellvorschlag
Z_6 (t)	11	t-L	Zugang	f_6 (t)	Lieferungen laut Bestellungen

Bild 26: Soll-Verläufe zur Analyse der Lagerbestände

Die Soll-Verläufe sind dabei wie folgt definiert:

$$(1.5) \quad f_i(T) = \int_{o<t\leq T} A_i(t)\,dt \qquad i=2;3;4$$

$$(1.6) \quad f_i(T) = B(o) + \int\limits_{o<t\leq T} Z_i(t)dt \qquad i=5;6$$

6.3.3.2 Quantifizierung der Differenzen

Die durch den Lagerbestand einer Lagerposition verursachte Kapitalbindung im Intervall (o,T) ist

$$(1.7) \quad K(o,T) = k \cdot \int\limits_{o<t\leq T} B(t)dt,$$

wobei k der Wert einer Bestandseinheit ist.

Für die Analyse der Lieferbereitschaft sind solche Intervalle (t_1, t_2) interessant, in denen kein Lagerbestand vorhanden ist, also

$$B(t) = o \text{ für } t_1 \leq t \leq t_2.$$

Da für solche Intervalle auch gilt

$$(1.8) \quad K(t_1,t_2) = k \cdot \int\limits_{t_1\leq t\leq t_2} B(t)dt = o,$$

ist die nachfolgend beschriebene Aufgliederung des Integrals aus (1.8) mit Hilfe der Funktionen $f_i(t)$ $(i=1,\ldots,7)$ sowohl im Hinblick auf die Kapitalbindung als auch in Hinblick auf die Lieferbereitschaft ein geeignetes Hilfsmittel zur Ermittlung der Auswirkungen von Schwachstellen.

In der nachfolgenden Darstellung wird auf die monetäre Bewertung verzichtet, es wird also nur

$$(1.9) \quad I(t_1,t_2) = \frac{K(t_1,t_2)}{k} = \int\limits_{t_1\leq t\leq t_2} B(t)dt$$

betrachtet.

Da zur Aufrechterhaltung der Lieferbereitschaft stets ein Bestand erforderlich ist, der nicht unterschritten, aber im Hinblick auf die Kapitalbindung auch nicht überschritten werden sollte, wird ein

Sollbestand: $S(t)$

eingeführt. Ein Überbestand ist dann gegeben, wenn dieser Sollbestand überschritten wird, es gilt also:

(1.10) Überbestand: $U(t) = \max \left\{ o, B(t) - S(t) \right\}$.

D i f f e r e n z e n zwischen einzelnen Verläufen können dann definiert werden durch

$$(1.11) \quad d_i(t) = f_{i+1}(t) - f_i(t) \qquad i=1;2;3;5;6$$

$$d_4(t) = f_5(t) - f_4(t) - S(t).$$

Es werden also jeweils die Differenzen aus Soll-Verläufen, die Ein- und Ausgangsgrößen einer Entscheidung sind, sowie aus Ist-Verläufen und Soll-Verläufen der untersten Entscheidungsebene gebildet.

$f_4(t)$ und $f_5(t)$ werden vom selben Entscheidungsträger erstellt, beziehen sich aber auf unterschiedliche Ist-Verläufe (Zu- bzw. Abgang), so daß bei ihrer Differenz der Sollbestand $S(t)$ zu berücksichtigen ist.

Positive und negative Zweige der Differenzfunktionen sind

$$(1.12) \quad d_i^+(t) = \max \{o, +d_i(t)\} \quad \text{und}$$

$$d_i^-(t) = \max \{o, -d_i(t)\}$$

Wegen (1.4), (1.10) und (1.12) gilt

$$(1.13) \quad U(t) = \max \left\{ o, f_7(t) - f_1(t) - S(t) \right\} \leq \sum_{i=1}^{6} d_i^+(t)$$

Wegen der möglichen Ungleichheit in (1.13) ist der Beitrag einer Differenzfunktion zu einem Überbestand zum Zeitpunkt t zu definieren mit

$$(1.14)\quad U_i(t) = \frac{U(t)\cdot d_i^+(t)}{\sum\limits_{i=1}^{6} d_i^+(t)} \quad \text{für alle } t \text{ mit } U(t) > o,$$

$$U_i(t) = o \qquad \text{sonst.}$$

Der Beitrag einer Differenzfunktion zum Überbestand im gesamten Zeitraum ist dann gegeben mit

$$(1.15)\quad u_i = \frac{1}{T} \int\limits_{o \leq t \leq T} U_i(t)\,dt$$

Auf ähnliche Weise kann der Beitrag einzelner Differenzfunktionen zu Einschränkungen der Lieferbereitschaft ermittelt werden. Eine Zuordnung des Nullbestandes zu einzelnen Differenzfunktionen ist ähnlich wie beim Überbestand möglich mit

$$(1.16)\quad n_i = \frac{1}{T} \int\limits_{\substack{o \leq t \leq T \\ \delta(t)=1}} \frac{d_i^-(t)}{\sum\limits_{i=1}^{6} d_i^-(t)}\,dt \quad \text{mit} \quad \begin{array}{l} \delta(t) = 1 \text{ für } B(t) = o \\ \delta(t) = o \text{ sonst.} \end{array}$$

Die Größe n_i gibt an, in welchem Maße die Differenzfunktion $d_i(t)$ zur Beeinträchtigung der Lieferbereitschaft im Betrachtungszeitraum beiträgt.

Der Wert n_i wird sowohl von der Häufigkeit von Fehlbeständen bei der untersuchten Lagerposition als auch vom Beitrag der Differenzfunktion $d_i(t)$ zu diesen Fehlbeständen bestimmt. Die so gewählte Definition von n_i gestattet es, innerhalb einer Stichprobe die ermittelten Werte n_i für die einzelnen Lagerpositionen der Stichprobe miteinander zu addieren und damit Aussagen über die Ursachen von Fehlbeständen innerhalb der gesamten Stichprobe zu erhalten.

6.3.3.3 Zuordnung der Differenz zu Schwachstellen

Die Differenzfunktionen lassen sich wie folgt möglichen Schwachstellen zuordnen:

$d_1(t)$: Abweichungen des Arbeitsverteilers von den Vorgaben, bedingt durch Störungen im Fertigungsprozeß, unrealistische Vorgaben oder individuelle Entscheidungskriterien

$d_2(t)$: Terminverschiebungen durch die Kapazitätsterminierung, bedingt durch nicht auf die Kapazität abgestimmte Aufträge

$d_3(t)$: Vom Auftragsvorschlag abweichende Auftragsfestlegung des Fertigungsdisponenten, bedingt z.B. durch Mängel im Vorschlag bzgl. Kapazitätsabstimmung oder Losgrößenermittlung

$d_4(t)$: Fehlerhafte Methoden im EDV-Verfahren zur Ermittlung von Auftrags- und Bestellvorschlägen

$d_5(t)$: Abweichungen des Einkaufsdisponenten von den Bestellvorschlägen, z.B. bedingt durch Mängel in der Bestellmengenermittlung oder bestehende Abnahmeverpflichtungen

$d_6(t)$: Von der Bestellung abweichende Lieferungen des Lieferanten

Ist nur eine Schwachstelle zu quantifizieren, kann man sich auf die Ermittlung der entsprechenden Differenzfunktionen und der Ist-Verläufe beschränken. Die Definitionen von n_i und u_i sind dann entsprechend anzupassen.

6.3.4 Analyse der Kapazitätsauslastung

6.3.4.1 Zielsetzung

Wie in 4.1 im Rahmen der Zielhierarchie angeführt, sind bei der Kapazitätsauslastung zwei Ziele anzustreben:

- hohe Kapazitätsauslastung,
- gleichmäßige Kapazitätsauslastung.

Bei der Höhe der Kapazitätsauslastung ist jedoch zu beachten, daß sie mit anderen Zielen - geringe Kapitalbindung, hohe Termintreue und Lieferbereitschaft sowie kurze Lieferzeiten - konkurriert. Diese Gegenläufigkeit ist darauf zurückzuführen, daß mit zunehmender Kapazitätsauslastung die Durchlaufzeiten erhöht werden. Dieser Effekt verstärkt sich umso mehr, je höher die Kapazitätsauslastung ist /51/. Eine Analyse der Kapazitätsauslastung kann also im Rahmen der Wirtschaftlichkeitsanalyse auch notwendig werden, wenn von der Kapazitätsauslastung abhängige Faktoren wie die Kapitalbindung im Werkstattbereich oder die Termintreue ausgewählt wurden.

Möglichkeiten zur Analyse der Kapazitätsauslastung im Sinne der in 6.3.2 beschriebenen Vorgehensweise werden nachfolgend für eine kapitalintensive Teilefertigung bei einem Serienfertiger beschrieben, wobei die zeitliche Auslastung der Betriebsmittelkapazität als zu analysierender Faktor ausgewählt wurde. Bei dem Beispiel wird weiterhin vorausgesetzt, daß von der Höhe des gesamten Kapazitätsbedarfs her die zeitliche Auslastung der betrachteten Kapazitätseinheiten nicht eingeschränkt ist, da Teile, deren Fertigung auf den betrachteten Kapazitätseinheiten technisch möglich wäre, auch von Lieferanten bezogen werden.

6.3.4.2 Ermittlung der effektiv verplanbaren Kapazität

Voraussetzung für die Ermittlung der planungsbedingten Leerzeit ist die genaue Kenntnis der effektiv verplanbaren Kapazität. Dazu wird im folgenden aufgezeigt, wie empirisch abgesicherte Daten zur effektiv verplanbaren Kapazität gewonnen werden können.

Die theoretisch verfügbare Kapazität läßt sich nach /52/ in verschiedene Zeitanteile gliedern (Bild 27). Bild 28 zeigt in Ergänzung dazu eine Zuordnung der einzelnen Zeitanteile zu den betriebsmittelbezogenen Ablaufarten nach REFA /53/.

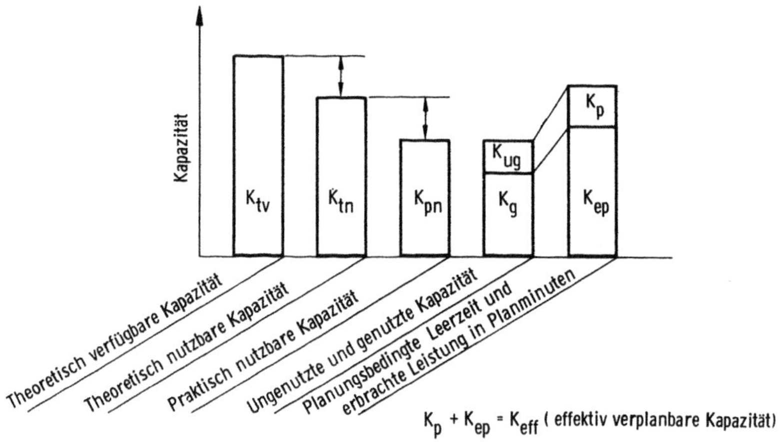

Bild 27: Ermittlung der effektiv verplanbaren Kapazität

Um empirisch abgesicherte Aussagen über die effektiv verplanbaren Kapazitäten zu erhalten, ist es notwendig, die Zeitanteile

$K_{tn} - K_{pn}$,

$K_{ug} = K_{pn} - K_g$ sowie

$K_g = K_{pn} - K_{ug}$

zu ermitteln. Diese Ermittlung kann durch geeignete Erfassungsgeräte an den Maschinen (Produktographen, Kienzle-Schreiber o.ä.) oder, wenn diese nicht zur Verfügung stehen, durch Multimomentaufnahmen /21/ erfolgen. K_{tn} ergibt sich unmittelbar aus der Arbeitszeitregelung.

Von der Fertigungssteuerung können die durch längerfristige Betriebsmittelstörungen bedingten Leerzeiten in der Regel nicht beeinflußt werden, so daß die erfaßte Differenz K_{tn} - K_{pn} als konstant angenommen werden kann.

Zu den Intervallen, in denen K_g bekannt ist, ist nun K_{ep} zu ermitteln, also die erbrachte Leistung in Planminuten. Dazu sind die abgelieferten Aufträge mit Stückzahl und Planzeit auszuwerten. Geht man davon aus, daß bei ausreichendem Auftragsvorrat und entsprechender Personalkapazität auch die Zeit K_{ug} ebenso hätte genutzt werden können wie K_g, so ergibt sich die effektiv verplanbare Kapazität zu

$$K_{eff} = \frac{K_{pn} \cdot K_{ep}}{K_g}$$

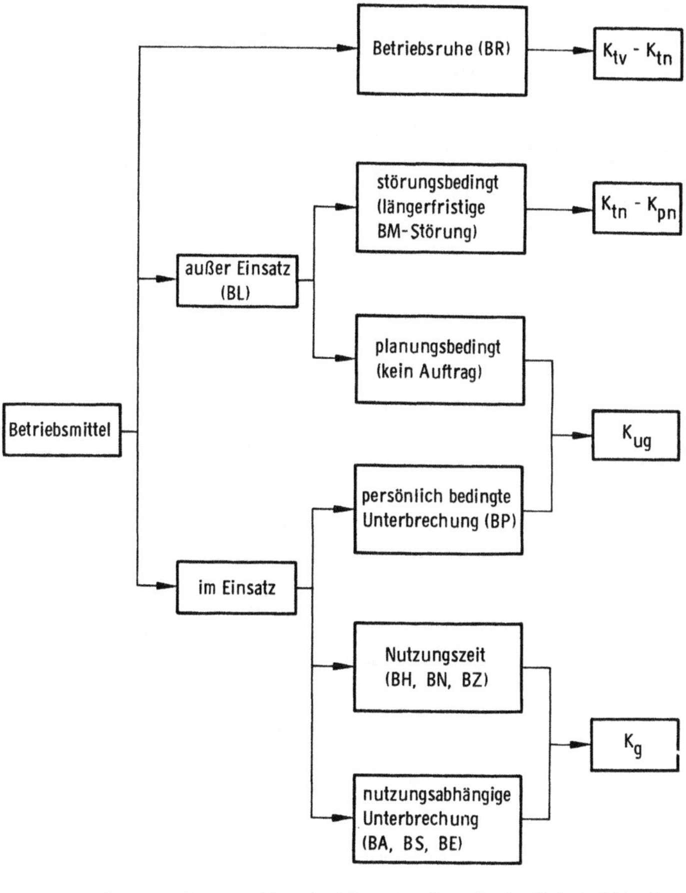

Bild 28: Zuordnung der Zeitanteile zu den betriebsmittelbezogenen Ablaufarten nach REFA

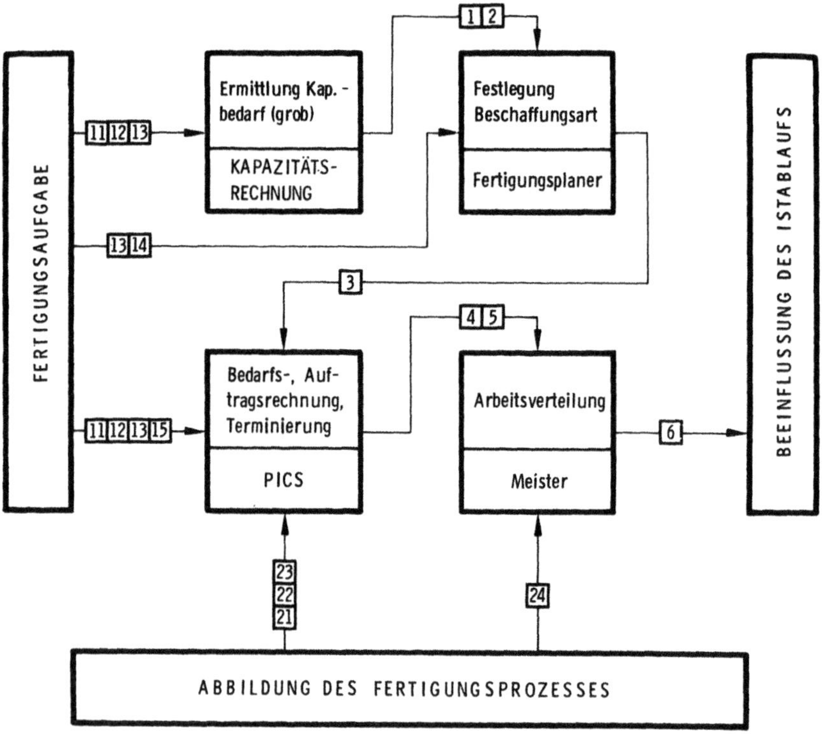

Legende:

SOLLABLAUF

1) Kapazitätsbedarf (grob)
2) Auslastung entsprechend Grobplanung
3) Beschaffungsart
4) Geplante Aufträge
5) Auslastung entsprechend geplanten Aufträgen
6) Auftragsbeginn

FERTIGUNGSAUFGABE

11) Fertigungsprogramm
12) Stücklisten
13) Arbeitspläne
14) Erwartete Produktlebensdauer
15) Ersatzteilprogramm

ABBILDUNG DES FERTIGUNGSPROZESSES

21) Lagerbestand
22) Fertigungsauftragsbestand
23) Arbeitsfortschritt entsprechend Rückmeldungen
24) Aktueller Arbeitsfortschritt

Bild 29: Modell eines EDV-unterstützten Fertigungssteuerungssystems, verwendet für die Analyse der Kapazitätsauslastung

6.3.4.3 Ermittlung von Soll- und Ist-Daten

Die Analyse der Ursachen für die planungsbedingte Leerzeit (K_p) erfolgt mit Hilfe von aus Soll- bzw. Ist-Verläufen gewonnenen, verdichteten Daten sowie bei Entscheidungen verwendeten Modelldaten. Die Kapazität wird in Planminuten für ein Zeitintervall (Tag, Woche, Monat) bezogen auf eine Kapazitätseinheit angegeben. Das in dem Beispiel zugrunde gelegte Modell eines EDV-unterstützten Fertigungssteuerungssystems zeigt Bild 29. Die hieraus ableitbaren Soll- und Ist-Daten zur Kapazitätauslastung sind in Bild 30 dargestellt.

Datum	Herkunft	Inhalt
K_{eff}	Istablauf	effektiv verplanbare Kapazität
k_1	Modelldatum	Kapazitätsbestand laut Kapazitätsrechnung
k_2	Sollablauf 3	Kapazitätsbedarf laut Kapazitätsrechnung und festgelegter Beschaffungsart zum Zeitpunkt der Festlegung
k_3	Sollablauf 3	Kapazitätsbedarf laut Kapazitätsrechnung und festgelegter Beschaffungsart zum Zeitpunkt des Auftragsbeginns
k_4	Sollablauf 6	Kapazitätsbedarf laut Arbeitsverteilung
K_{ep}	Istablauf	erbrachte Leistung

Bild 30: Soll- und Ist-Daten zur Analyse der Kapazitätsauslastung

6.3.4.4 Zuordnung der Differenzen zu Schwachstellen

Die planungsbedingte Leerzeit läßt sich wie folgt aufgliedern:

$$K_p = K_{eff} - K_{ep}$$

$$= (K_{eff}-k_1)+(k_1-k_2)+(k_2-k_3)+(k_3-k_4)+(k_4-K_{ep}) .$$

Die einzelnen Differenzen lassen sich wie folgt möglichen Schwachstellen zuordnen:

$K_{eff} - k_1 > o$: Der in der Kapazitätsgrobplanung zugrundegelegte Kapazitätsbestand ist geringer als der tatsächlich vorhandene.

$k_1 - k_2 > o$: Bei der Entscheidung über Fremd- oder Eigenfertigung wird der Kapazitätsbestand nicht voll ausgenutzt.

$k_2 - k_3 > o$: Nach der Entscheidung über Fremd- oder Eigenfertigung hat sich durch Programmänderungen der Kapazitätsbedarf vermindert.

$k_3 - k_4 > o$: Der von der Belastungsübersicht ausgewiesene Kapazitätsbedarf ist geringer als der von der Kapazitätsgrobplanung ermittelte. Mögliche Ursachen sind z.B. zu hohe Zuschläge in der Grobplanung für Ersatzteile oder Ausschuß.

$k_4 - K_{ep} > o$: Die tatsächliche Ausbringung ist geringer als die in der Belastungsübersicht angegebene. Mögliche Ursachen sind Abweichungen von der vorgegebenen Maschinenzuordnung oder ein überdurchschnittlich hoher Anteil von Störungen.

Beim Zusammentreffen mehrerer Schwachstellen kann die Zurechnung der planungsbedingten Leerzeit zu den verschiedenen Ursachen analog 6.3.3.2 erfolgen.

6.4 Entscheidungsvorbereitung

6.4.1 Ausgangssituation

Ausgehend von den in den vorangegangenen Abschnitten der Wirtschaftlichkeitsanalyse erarbeiteten Ergebnisse sind nun alternative Möglichkeiten zur Umgestaltung des Informationssystems aufzuzeigen, um durch Vergleiche zwischen den vorhandenen und möglichen künftigen Informationssystemen zu Wirtschaftlichkeitsaussagen kommen zu können. Dabei sind gezielt solche *Maßnahmen* zu betrachten, mit denen die als wesentlich erkannten Schwachstellen behoben werden können.

6.4.2 Auffinden von Verbesserungsmaßnahmen

Welche Verbesserungsmaßnahmen erforderlich sind, um die wesentlichen Schwachstellen zu beheben, ist vom Charakter der Schwachstellen und von der Struktur des Informationssystems abhängig. Wie die in Bild 31 aufgezeigten grundsätzlichen Möglichkeiten für Verbesserungsmaßnahmen zeigen, kann eine Effizienzsteigerung EDV-unterstützter Fertigungssteuerungssysteme

Mögliche Maßnahmen zur Änderung des Informationssystems	
Beibehaltung der Struktur des Entscheidungsnetzes	Änderung der Struktur des Entscheidungsnetzes
• Änderung von Einflußgrößen einer einzelnen Entscheidung – Modelldaten – Planungs- und Prognosemethoden – individuelle Entscheidungskriterien • Änderung von Form und Inhalt in vorhandenen Kommunikationswegen weiterzugebender Informationen über – Fertigungsaufgabe – Sollabläufe – Abbildung des Fertigungsprozesses • Änderung des zeitlichen Verhaltens – Planungszyklen – Planungshorizonte – Bearbeitungsdauern – Entscheidungsvorläufe	• Reduzierung der Anzahl von Elementen im Entscheidungsnetz durch – Wegfall oder – Zusammenlegung von Aufgaben • Definition zusätzlicher Aufgaben – als EDV-Verfahren – als personelle Entscheidungen • Änderung der Entscheidungsträger – Übertragung weiterer Aufgaben auf den Rechner – Rückübertragung von Entscheidungen vom EDV-Verfahren auf personelle Entscheidungsträger – Schaffung personeller Eingriffsmöglichkeiten in automatisierte Planungsabläufe

Bild 31: Grundsätzliche Möglichkeiten zur Verbesserung eines EDV-unterstützten Fertigungssteuerungssystems

nicht allein durch Änderungen oder Erweiterungen der EDV-Verfahren selbst erreicht werden, sondern auch durch Änderungen im "organisatorischen Vorfeld". Solche organisatorischen Änderungen haben häufig den Vorteil, daß sie wesentlich schneller und mit weniger Aufwand realisiert werden können.

Da durch die genaue Kenntnis der Schwachstellen und ihrer Auswirkungen die Ziele der Verbesserungsmaßnahmen sehr detailliert vorgegeben sind, wird das Auffinden solcher Maßnahmen in der Regel unproblematisch sein. Sofern sich die Maßnahmen nicht unmittelbar aus der Problemstellung ableiten lassen, können Anregungen verschiedenen Quellen entnommen werden, z.B.

- Fachliteratur,
- Lösungen ähnlicher Betriebe /3/,
- Lösungsvorschläge von EDV-Herstellern oder Beratern,

oder sie können mit Hilfe von Kreativitätstechniken /54/ erarbeitet werden.

Innerhalb der Wirtschaftlichkeitsanalyse sind die konzipierten Verbesserungsmaßnahmen so weit zu konkretisieren, daß sie der im folgenden Abschnitt betrachteten Wirtschaftlichkeitsbeurteilung unterzogen werden können.

6.4.3 Wirtschaftlichkeitsbeurteilung

Die konzipierten Verbesserungsmaßnahmen sind abschließend einer Wirtschaftlichkeitsbeurteilung zu unterziehen, die Aussagen über die Wirtschaftlichkeit der veränderten EDV-unterstützten Fertigungssteuerungssysteme im Vergleich zum vorhandenen System liefert.

6.4.3.1 Wirtschaftlichkeitsrechnung

Um eine Wirtschaftlichkeitsrechnung durchführen zu können, sind

(1) der Aufwand zur Durchführung der Verbesserungsmaßnahmen,
(2) die Aufwandsänderungen im Fertigungssteuerungssystem sowie
(3) die Änderungen von Faktoren des Fertigungsprozesses

zu ermitteln. Für (1) und (2) stehen Methoden zur Verfügung (vgl. 2.3). Die Ermittlung der zu erwartenden Änderungen der Faktoren erfolgt unter Verwendung der Ergebnisse der Faktorenanalyse. Dabei ist zu beachten, daß eine vollständige Behebung der Auswirkungen einer Schwachstelle - z.B. der Abbau aller Überbestände - durch Verbesserungsmaßnahmen in der Regel nicht möglich ist, so daß für jede Verbesserungsmaßnahme auf der Grundlage der Analyseergebnisse abzuschätzen ist, in welchem Maße sich der Faktor verändert.

Vor der Wirtschaftlichkeitsrechnung sind die ermittelten Größen monetär zu bewerten. Bei dem unter (1) und (2) genannten Aufwand ist dies unproblematisch. Bewertungsmöglichkeiten für die Änderung von Faktoren wurden in 4.2 aufgezeigt.

Bei der Durchführung der Wirtschaftlichkeitsrechnung kann auf die bekannten Investitionskalküle /55/ zurückgegriffen werden. Bei der Auswahl der anzuwendenden Investitionskalküle sind zwei Randbedingungen zu beachten:

(1) Der Kapitaleinsatz zur Verfahrensentwicklung und -einführung erstreckt sich über einen längeren Zeitraum.
(2) Die Rückflüsse setzen nicht zum Zeitpunkt der Verfahrenseinführung in voller Höhe, sondern in der Regel verzögert ein.

Die volle Berücksichtigung dieser Randbedingungen ist nur mit Verfahren der dynamischen Investitionsrechnung möglich, deren Aufwendungen in der Praxis jedoch durch den hohen Rechenaufwand eingeschränkt wird.

Zur leichteren Durchführung der Rechnungen wurde im Rahmen dieser Arbeit ein EDV-Programm erstellt (siehe Anhang 2), welches mit Hilfe der bekanntesten Verfahren der dynamischen Wirtschaftlichkeitsrechnung Wirtschaftlichkeitskennzahlen errechnet, im einzelnen

- Kapitalwert,
- Annuitäten,
- Break-even-point,
- Amortisationszeit,
- internen Zinsfuß sowie
- internen Zinsfuß nach Baldwin.

Die Anwendung dieses EDV-Programmes ermöglicht insbesondere auch, die Beurteilung der Alternativen ohne nennenswerten Mehraufwand mit unterschiedlichen Parametern mehrfach durchzuführen. Solche Parameter, deren exakte Bestimmung problematisch ist, können beispielsweise sein:

- die wirtschaftliche Nutzungsdauer,
- der kalkulatorische Zinsfuß,
- die Höhe des Entwicklungsaufwandes,
- der Zeitpunkt des Verfahrenseinsatzes.

6.4.3.2 Weitere Entscheidungskriterien

Die Ergebnisse der Wirtschaftlichkeitsrechnung liefern e i n e wesentliche Entscheidungsgrundlage. Da jedoch nicht alle entscheidungsrelevanten Eigenschaften der Alternativen in der Wirtschaftlichkeitsrechnung berücksichtigt werden können, kann sich die Entscheidung nicht allein nach den Ergebnissen der Rechnung richten. Solche Eigenschaften sind insbesondere:

(1) nicht monetär quantifizierbare Verbesserungen von Faktoren des Fertigungsprozesses,
(2) nicht quantifizierbare Auswirkungen auf den laufenden Aufwand im Fertigungssteuerungssystem,
(3) Auswirkungen auf weitere Entwicklungsstufen des EDV-unterstützten Fertigungssteuerungssystems.

Zu (1): Wie in 4.2 angeführt, ist eine monetäre Bewertung von Faktoren, die sich auf die Marktposition auswirken, nicht möglich. Beispiel hierfür ist die Termintreue eines Kundenauftragsfertigers.

Zu (2): Beispiel hierfür ist die Abhängigkeit von Fachpersonal in der Fertigungssteuerung.

Zu (3): Die ausgewählte Alternative beeinflußt die Ausgangssituation für die nächste Entwicklungsstufe im Sinne von 3.1 und damit über mehrere Entwicklungsstufen hinweg die Alternativenauswahl und folglich auch deren Aufwand und Ertrag. Da die dann zu beurteilenden Alternativen aber noch nicht bekannt sind, kann eine Berücksichtigung der weiteren Entwicklung nur durch eine Abstimmung auf Rahmenplanungen erreicht werden.

Mit der Zusammenstellung der entscheidungsrelevanten Eigenschaften der Alternativen ist die Wirtschaftlichkeitsanalyse abgeschlossen.

7 Anwendungsbeispiel

7.1 Betrachteter Betrieb

Der betrachtete Betrieb ist ein Preßwerk, welches für verschiedene Automobil-Montagewerke Preßteile fertigt. Die in diesem Betrieb wesentlichen Ziele der Fertigungssteuerung im Sinne der in 4.1 dargestellten Zielhierarchie sind:

- eine hohe Termintreue gegenüber den zu beliefernden Montagewerken,
- eine hohe und gleichmäßige Kapazitätsauslastung sowie
- eine geringe Kapitalbindung bei Teilen und Rohmaterial.

7.2 Grobanalyse

Bei der Analyse des Informationssystems wurde als wesentliche Schwachstelle die fehlende Abstimmung der Auftragsbeginntermine mit der verfügbaren Kapazität erkannt. Dieses führte zu häufigen Verspätungen beim Auftragsbeginn.

Die Analyse des Fertigungsprozesses ergab, daß die Materialbestände zu hoch waren. Als Ursache hierfür wurden zu lange Materialliegezeiten wegen verspäteter Materialentnahme erkannt. Die Bestandshöhe beim Rohmaterial wurde daher als zu analysierender Faktor ausgewählt.

7.3 Faktorenanalyse

Zur Analyse des Faktors "Bestand Rohmaterial" waren die Entscheidungen im EDV-unterstützten Fertigungssteuerungssystem zu ermitteln, die diesen Faktor beeinflussen (Bild 32). Der Teiledisponent legt die Auftrags<u>end</u>termine fest. Dabei wurde die verfügbare Kapazität nicht berücksichtigt, so daß die von der Auftragserstellung ermittelten Auftrags<u>beginn</u>termine, die den Materialbedarfsterminen entsprachen, unrealistisch festgelegt wurden. Während der Materialdisponent die Materialabrufe entsprechend diesen Terminen tätigte, wich der Arbeitsver-

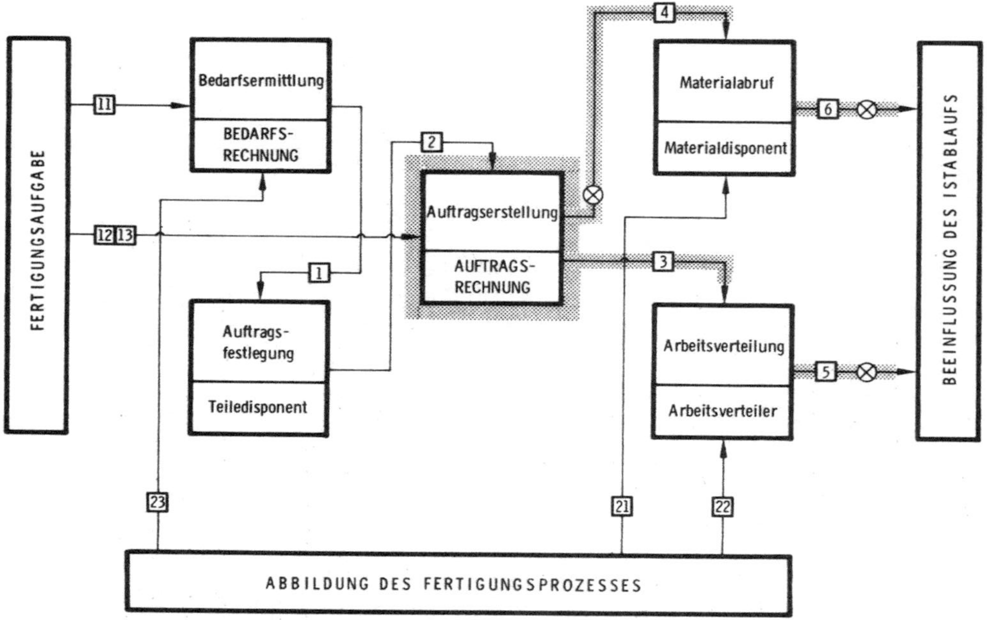

Legende:

SOLLABLAUF

1) Teilebedarf
2) Aufträge – unterminiert
3) Aufträge – terminiert
4) Materialanforderung (entsprechend terminierten Aufträgen)
5) Maschinenbelegung (Auftragsbeginn)
6) Materialabruf

FERTIGUNGSAUFGABE

11) Lieferprogramme
12) Arbeitspläne
13) Stücklisten

ABBILDUNG DES FERTIGUNGSPROZESSES

21) Aktueller Materialbestand
22) Aktueller Arbeitsfortschritt
23) Produzierte Stückzahlen

⊗ Meßpunkt

Schwachstelle und Schwachstellenwirkungen

Bild 32: Modell des EDV-unterstützten Fertigungssystems im betrachteten Betrieb teiler bei der Festlegung des tatsächlichen Auftragsbeginn von diesen Vorgaben ab.

Die zur Quantifizierung der Schwachstellenwirkung heranzuziehenden Ist-Verläufe waren Materialanlieferung und -bereitstellung. Als Soll-Verlauf wurde der Materialbedarf ausgewählt, der aus den im Rahmen der Auftragserstellung festgelegten Aufträgen resultiert (Bild 33).

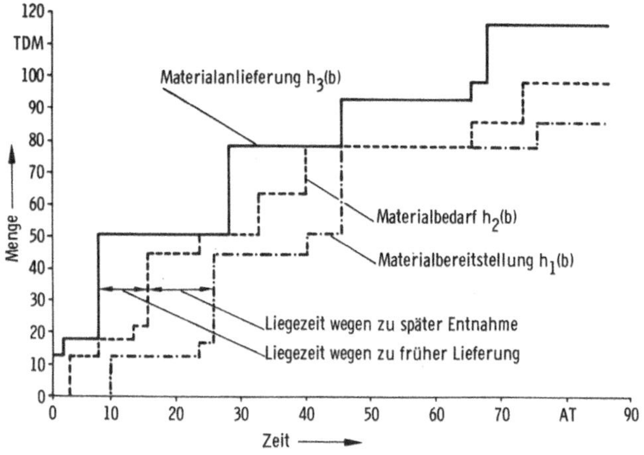

Bild 33: Betrachtete Verläufe

Da das Preßwerk sich exakt an die vom Arbeitsverteiler festgelegte Maschinenbelegung hielt, konnten Abweichungen zwischen dem Auftragsbeginn und der Materialbereitstellung ausgeschlossen werden. Abweichungen zwischen Materialbedarf und Materialbereitstellung waren daher eindeutig auf Abweichungen des Arbeitsverteilers von den vorgegebenen Beginnterminen zurückzuführen. Diese Abweichungen haben zwei Ursachen:

- fehlende Abstimmung der Beginntermine mit der verfügbaren Maschinenkapazität (Modelldaten)
- fehlende Abstimmung der Beginntermine mit dem aktuellen Fertigungsfortschritt (Abbildung des Fertigungsprozesses).

Um den Einfluß der zweiten Abweichungsursache bei der Quantifizierung der Schwachstellenwirkung zu eleminieren, wurde ihre Auswirkung auf die Höhe der terminlichen Abweichungen mit fünf Arbeitstagen nach oben abgeschätzt. Es wurden also nur solche Terminabweichungen der Schwachstelle "Fehlende Abstimmung der Beginntermine auf die verfügbare Kapazität" zugeordnet, die fünf Arbeitstage überschritten.

Abweichungen zwischen Materialbedarf und Materialanlieferung waren z.T. darauf zurückzuführen, daß der Materialdisponent eine Sicherheitszeit von fünf Arbeitstagen bei der Festlegung des Anliefertermines einplante. Noch frühere Anlieferungen führten zu Mehrbeständen, die als vom Materialdisponent oder -lieferant verursacht anzusehen waren.

Es waren folglich nur Bestände mit einer Liegezeit von mehr als zehn Tagen als Überbestände anzusehen.

Da das Ziel der Analyse darin bestand, den Einfluß der Terminabweichungen auf die Bestände einzelner Materialpositionen zu ermitteln, waren bei der Auswahl zu analysierender Materialpositionen solche auszuschließen, bei denen es wegen anderer Einflüsse - z.B. durch Vorpressungen für Werkzeugänderungen - zu Überbeständen gekommen war. Weiterhin waren solche Materialpositionen auszuschließen, bei denen wegen sehr geringer Bedarfswerte der Materialdisponent den Bedarf für einen längeren Zeitraum zu einem Abruf zusammenfaßte. Von den verbleibenden Positionen wurden 20 (von insgesamt 120) zufällig ausgewählt.

Da die o.a. Auswahlkriterien mit Sicherheit die zu erwartenden Ergebnisse beeinflussen, war die Stichprobe der 20 ausgewählten Materialpositionen nicht im statistischen Sinne als repräsentativ für die Grundgesamtheit anzusehen. Eine statistische Absicherung der Analyseergebnisse ist somit nicht möglich. Im zeitlichen Ablauf von Anlieferterminen, Bedarfsterminen und Bereitstellungsterminen ergab sich jedoch - wie im folgenden dargestellt - eine weitgehende Gleichförmigkeit, so daß die quantitativen Analyseergebnisse auf die Gesamtheit der Materialpositionen übertragbar waren.

Da abweichend von den Definitionen in 6.4.3.2 nicht ein Soll-Bestand S(t) gegeben war, sondern die Soll-Verweilzeit einer Bestandeinheit b

$$(3.1) \qquad S_V(b) \equiv 10,$$

sind auch die Funktionen für die drei betrachteten Verläufe sowie die Kapitalbindung als Funktionen von b zu definieren. Die Verläufe sind dann die Umkehrfunktionen der entsprechenden, in 6.4.3.2 definierten Funktionen:

$$(3.2) \qquad h_1(b) = f_1^{-1}(b) \text{ Materialbereitstellung,}$$

$$h_2(b) = f_3^{-1}(b) \text{ Materialbedarf,}$$

$$h_3(b) = f_7^{-1}(b) \text{ Materialanlieferung.}$$

Die von den Bestandseinheiten einer Materialposition, die im Betrachtungszeitraum (o,T) sowohl angeliefert als auch bereitgestellt wurden, verursachte Kapitalbindung ist dann

$$(3.3) \qquad K(o,T) = k \cdot \int_{b_1 \leq b \leq b_2} V(b) \, db$$

mit

$$b_1 = f_7(o)$$

$$b_2 = f_1(T)$$

$$V(b) = h_1(b) - h_3(b)$$

Für alle untersuchten Materialpositionen galt:

$$b_1 < b_2$$

Analog zu 6.3.3.2 ist der Überbestand einer Materialposition gegeben mit

$$(3.4) \qquad \int_{b_1 \leq b \leq b_2} U_V(b) \, db = \int_{b_1 \leq b \leq b_2} \max \left\{ o, V(b) - 10 \right\} db$$

Bei der Definition der Differenzfunktionen ist zu beachten, daß sowohl zwischen $h_1(b)$ und $h_2(b)$ als auch zwischen $h_2(b)$ und $h_3(b)$ eine Differenz von bis zu fünf Arbeitstagen nicht als Überbestand anzusehen ist. Die für den Überbestand wesentlichen positiven Zweige der Differenzfunktionen sind dann

$$(3.5) \qquad dh_1^+(b) = \max\left\{0, h_1(b) - h_2(b) - 5\right\}$$

$$dh_2^+(b) = \max\left\{0, h_2(b) - h_3(b) - 5\right\}$$

Wegen (1.14) und (1.15) ist der durch die Schwachstelle verursachte Anteil am Überbestand

$$(3.6) \qquad u_V = \int\limits_{\substack{b_1 \leq b \leq b_2 \\ U_V(b) \quad o}} \frac{U_V(b) \cdot dh_1^+(b)}{dh_1^+(b) + dh_2^+(b)} \, db$$

$$= \int\limits_{\substack{b_1 \leq b \leq b_2 \\ U_V(b) > o}} \frac{\max\left\{o, h_1(b) - h_3(b) - 10\right\} \cdot \max\left\{o, h_1(b) - h_2(b) - 5\right\}}{\max\left\{o, h_1(b) - h_2(b) - 5\right\} + \max\left\{o, h_2(b) - h_3(b) - 5\right\}} \, db$$

Das Ergebnis der Berechnung für die 20 ausgewählten Materialdispositionen ist - unter Berücksichtigung des jeweiligen Materialwertes - im Bild 34 dargestellt.

Im Mittel waren 30,7 % der betrachteten Kapitalbindung der 20 Positionen durch Verzüge von mehr als fünf Tagen beim Auftragsbeginn bedingt, die zu einer Gesamtliegezeit von mehr als zehn Tagen führten.

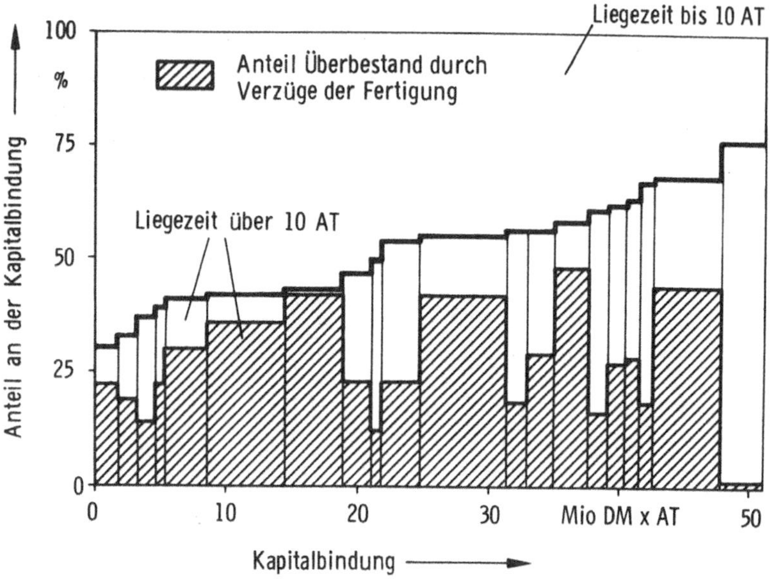

Bild 34: Ergebnis der Analyse des Faktors "Bestand Rohmaterial"

7.4 Maßnahmen

7.4.1 Entwicklung von Alternativen

Um die aufgezeigte Schwachstelle beseitigen zu können, war es notwendig, das EDV-unterstützte Fertigungssteuerungssystem so umzugestalten, daß den Materialdisponenten mit einem zeitlichen Verlauf von mindestens zwei Monaten zuverlässig die Auftragsbeginntermine genannt werden konnten. Dazu war die Belegung der Pressen für mindestens diesen Zeitraum vorzuplanen.

Durch eigene Untersuchungen in anderen Preßwerken war dem Autor bekannt, daß die "zyklische Belegung" in vielen Preßwerken ein erprobtes Hilfsmittel zur Belegungsplanung ist. Bei Anwendung dieser Belegungsstrategie werden alle Teile in konstanten Abständen abgepreßt, wobei diese konstanten Abstände ganzzahlige

Vielfache einer Grundeinheit (Zyklus) sind. Auf diese Weise werden die Auftragsbeginntermine und damit die Bedarfstermine für das Material langfristig festgelegt (Bild 35).

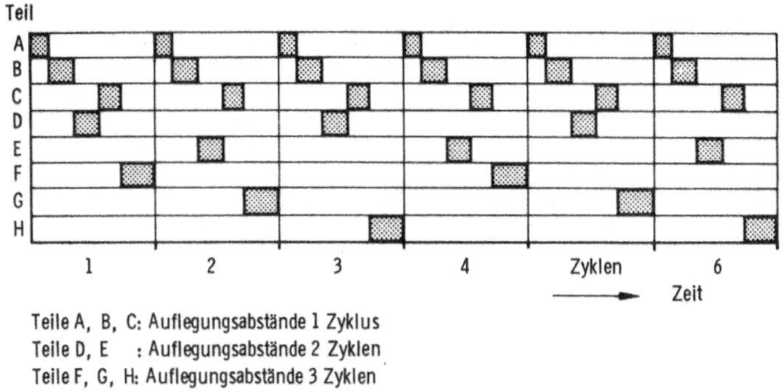

Bild 35: Beispiel für die zyklische Belegung einer Presse

Zur Einführung einer zyklischen Belegungsplanung sind zwei Aktivitäten erforderlich:

- die zyklische Belegung ist einmalig festzulegen und
- der Dispositionsablauf ist so umzugestalten, daß die Bedarfswerte für Teile und Material entsprechend den fixierten Auftragsbeginnterminen ermittelt werden können.

Bei der Gestaltung der zyklischen Belegung ergab sich eine Vielzahl von Alternativen (z.B. hinsichtlich Länge des Zyklus, Reihenfolge der Teile), die hier nicht weiter betrachtet werden sollen, da alle Alternativen die für die Beseitigung der Schwachstellen notwendigen festen Auftragsbeginntermine lieferten.

Zur Umgestaltung des Dispositionsablaufes wurden zwei Alternativen betrachtet:

(1) Die Entwicklung eines neuen EDV-Verfahrens zur exakten Ermittlung von Auftragsstückzahlen und Materialbedarfs-

mengen entsprechend den festgelegten Auftragsbeginnterminen.

(2) Eine Anpassung des vorhandenen Verfahrens "Bedarfsrechnung" zur näherungsweisen Errechnung der Bedarfswerte entsprechend den vorgegebenen Auftragsbeginnterminen.

Den Alternativen ist gemeinsam, daß sie auf einer zyklischen Belegungsplanung aufbauen. Die Beeinflussung der übrigen Faktoren des Fertigungsprozesses ist daher bei beiden Alternativen gleich und kann bei der Alternativenauswahl unberücksichtigt bleiben.

Realisierungszeit und -aufwand sind bei Alternative 1 höher, da neue EDV-Programme zu erstellen sind. Bei Alternative 2 werden dagegen keine neuen Programme oder Programmänderungen erforderlich.

Der Aufwand in den Dispositionsabteilungen ist bei Alternative 2 wegen des geringeren Umfangs der EDV-Unterstützung höher. Während bei Alternative 1 der Teile- und Materialbedarf exakt ermittelt wird, sind bei Alternative 2 wegen vereinfachender Annahmen Ungenauigkeiten in Kauf zu nehmen, so daß die zu erwartende Bestandsreduzierung etwas geringer ist.

7.4.2 Auswahl einer Alternative

Wesentliche Grundlage für die Auswahl einer Alternative war eine Wirtschaftlichkeitsrechnung. Wie die Ergebnisse (Bild 36) zeigen, sind beide Alternativen wesentlich wirtschaftlicher als der bisherige Zustand. Hinsichtlich der Frage, welche Alternative zu bevorzugen war, führte die Wirtschaftlichkeitsrechnung zu keinem eindeutigen Ergebnis, da Alternative 1 hinsichtlich Kapitalwert und Annuitäten günstiger war, Alternative 2 hinsichtlich Amortisationszeit und internem Zinsfuß. Dieser Widerspruch war dadurch begründet, daß bei Alternative 2 sowohl der einmalige Aufwand als auch die Rückflüsse niedriger waren als bei Alternative 1, die langfristig gesehen die wirtschaftlichere ist.

E R E B N I S S E

	KAPITALWERTE	ANNUITAETEN
EINMALIGE KOSTEN	153736	38504
LAUFENDE KOSTEN	44842	11231
EINSPARUNGEN	796027	199370
RUECKFLUESSE	751185	188139
GESAMTPROJEKT	597449	145635
JE MANNMONAT A.E.	8298	2078

BREAK-EVEN-POINT NACH 1.93 JAHREN

AMORTISATIONSZEIT 1.30 JAHRE

INTERNER ZINSFUSS 137.76 PROZENT

INTERNER ZINSFUSS NACH BALDWIN 50.82 PROZENT

Alternative 1

E R G E B N I S S E

	KAPITALWERTE	ANNUITAETEN
EINMALIGE KOSTEN	30000	11641
LAUFENDE KOSTEN	168783	65494
EINSPARUNGEN	351292	136313
RUECKFLUESSE	182509	70819
GESAMTPROJEKT	152509	59178
JE MANNMONAT A.E.	25418	9863

BREAK-EVEN-POINT NACH 1.02 JAHREN

AMORTISATIONSZEIT .89 JAHRE

INTERNER ZINSFUSS 238.15 PROZENT

INTERNER ZINSFUSS NACH BALDWIN 108.24 PROZENT

Alternative 2

Bild 36: Ergebnisse der Wirtschaftlichkeitsrechnung

Ausschlaggebend für die Auswahl der kurzfristig wirtschaftlicheren Alternative 2 war letztlich die Möglichkeit, mit ihr die zyklische Belegungsplanung umgehend realisieren zu können. Bei einer eventuellen anschließenden Realisierung von Alternative 1 können bei der Anwendung der zyklischen Belegungsplanung gesammelte Erfahrungen in die Entwicklung der EDV-Verfahren einfließen. Der einmalige Aufwand für Alternative 1 verringert sich darüber hinaus wesentlich, da die zyklische Belegung bereits mit Alternative 2 zuvor realisiert worden ist.

7.5 Ergebnisse

Die durch die Realisierung der Alternative 2 erzielten Ergebnisse hinsichtlich der Blechbestände und Eindeckungszeiten sind in Bild 37 dargestellt. Nach dem Wirksamwerden der Maßnahmen war ein deutlicher Rückgang von Beständen und Ein-

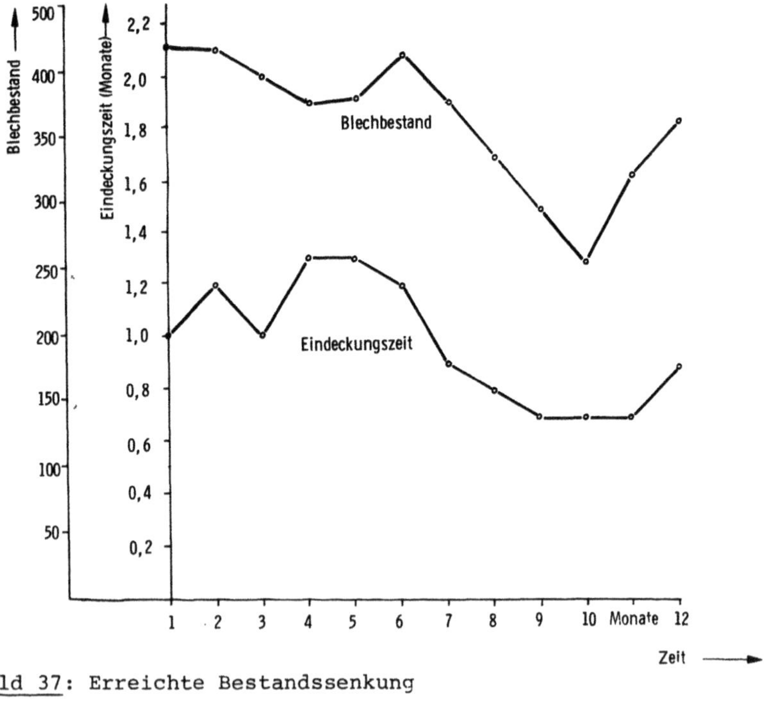

Bild 37: Erreichte Bestandssenkung

deckungszeiten festzustellen. Der leichte Anstieg der Eindeckungszeit im letzten Monat des Betrachtungszeitraums ist auf eine vorübergehende, nicht vorplanbare Betriebsstillegung zurückzuführen. Diese und eine Umsatzsteigerung sind die Ursachen für den Anstieg der Blechbestände in den letzten zwei Monaten.

Bei einer Gegenüberstellung der Eindeckungszeiten in den letzten fünf Monaten vor Wirksamwerden der Maßnahmen (Monate 1-5) und den letzten fünf Monaten des Betrachtungszeitraumes ist festzustellen, daß sich die Eindeckungszeiten von durchschnittlich 1,16 Monaten auf 0,76 Monate verkürzten. Das entspricht einer

Bestandsreduzierung von 35 %,

die also etwa in der prognostizierten Höhe eintrat.

8 Zusammenfassung

Wegen laufender Veränderungen der Anforderungen an die Systeme und der organisatorischen Möglichkeiten unterliegen EDV-unterstützte Fertigungssteuerungssysteme einer ständigen *Weiterentwicklung*. Die zunehmende Bedeutung der Fertigungssteuerung für die Fertigungsbetriebe erfordert Hilfsmittel zur *Gestaltung* dieses dynamischen Entwicklungsprozesses nach wirtschaftlichen Kriterien.

Die wesentlichen Probleme bei der *Wirtschaftlichkeitsbeurteilung* EDV-unterstützter Fertigungssteuerungssysteme sind *Quantifizierung* und *Bewertung* des zu erwartenden Ertrages. Der Ertrag ergibt sich dabei aus der Verbesserung betrieblicher Faktoren wie Termintreue und Kapitalbindung. Möglichkeiten zur Bewertung von Faktoränderungen werden mit Hilfe einer Zielhierarchie aufgezeigt.

Um die Beeinflussung des Fertigungsprozesses durch die Fertigungssteuerung und damit die Ausprägung der Faktoren zu verbessern, sind die *Distanzen* zwischen dem tatsächlichen Ablauf, dem von der Fertigungssteuerung vorgegebenen Ablauf und einem gedachten, optimalen Ablauf des Fertigungsprozesses zu verringern. Es wird daher vorgeschlagen, im Rahmen einer *Schwachstellenanalyse* zunächst die im Einzelfall wesentlichen Faktoren auszuwählen und dann für diese Faktoren die Distanzen und ihre Ursachen zu untersuchen. Aufbauend auf den Ergebnissen bezüglich der einzelnen Faktoren sind die zu erwartenden Faktoränderungen zu quantifizieren. Als Hilfsmittel zur Untersuchung der Faktoren dient eine entscheidungsorientierte Darstellungsform für EDV-unterstützte Fertigungssteuerungssysteme, das *Analysemodell*. Es ermöglicht, den Beitrag einzelner Entscheidungsträger zur Ausprägung betrieblicher Faktoren zu ermitteln.

Die vorgeschlagene Vorgehensweise zur *Wirtschaftlichkeitsanalyse* setzt sich aus drei Schritten zusammen:

In der G r o b a n a l y s e werden zunächst Schwachstellen im Fertigungssteuerungssystem und die wesentlichen Faktoren des Fertigungsprozesses ermittelt. Aufbauend hierauf werden diejenigen Faktoren ausgewählt, bei denen die größten Verbesserungen zu erwarten sind.

Im Rahmen der F a k t o r e n a n a l y s e werden unter Verwendung des Analysemodells die Ursachen für die unbefriedigende Ausprägung der ausgewählten Faktoren ermittelt. Auf der Grundlage der Analyseergebnisse werden die Beiträge der einzelnen Schwachstellen zur Ausprägung der Faktoren quantifiziert. Für die Analyse der Faktoren "Lagerbestand" und "Höhe der Kapazitätsauslastung" werden Quantifizierungsmethoden detailliert dargestellt.

Abschließend werden in der E n t s c h e i d u n g s v o r b e r e i t u n g Alternativen zum bestehenden EDV-unterstützten Fertigungssteuerungssystem konzipiert, die geeignet sind, die als wesentlich erkannten Schwachstellen zu beheben. Die Alternativen werden einer Wirtschaftlichkeitsbeurteilung unterzogen, innerhalb derer der zu erwartende Ertrag der Alternativen aus den quantitativen Ergebnissen der Faktorenanalyse abgeleitet wird.

Die Anwendbarkeit der entwickelten Vorgehensweise wird an einem Beispiel nachgewiesen.

9 Schrifttum

/1/ Althoff, H.-W.: Datenverarbeitung im Maschinenbau 1970. Frankfurt/M.: VDMA 1971.

/2/ Kunerth, W.; Lederer, K.G.; Lienert, J.:Rechnereinsatz in der Produktion. Stand - Probleme - Entwicklungstendenzen. RKW-REFA. Betriebstechnische Reihe. Berlin, Köln: Beuth Verlag GmbH. 1976.

/3/ Rabus, G.: Der überbetriebliche Vergleich als Rationalisierungsinstrument für die Fertigungssteuerung. Beschaffung aktuell 24 (1978) Nr. 4, S. 16-24.

/4/ Graf, H.: Methodenauswahl für die Materialbewirtschaftung in Maschinenbau-Betrieben. Diss. Universität Stuttgart 1977.

/5/ VDMA: Wirtschaftliche Nutzung der Datenverarbeitung im Maschinenbau. Frankfurt/M.: Maschinenbau-Verlag GmbH 1977.

/6/ Warnecke, H.J.; Bullinger, H.-J.; Kölle, J.H.: Strategien der Produktionsplanung und -steuerung in kritischen Situationen. io 47 (1978) Nr. 12, S. 546-553.

/7/ Warnecke, H.J.; Bullinger, H.-J.; Lienert, J.: Ausgewählte EDV-Anwendungen im Produktionsbereich. In: Plötzeneder, H.D. (Hrsg.): Wirtschaftsinformatik III. UTB-Reihe Wirtschaftswissenschaften. Stuttgart - New York: Gustav Fischer Verlag 1980.

/8/ AWF/REFA (Hrsg.): Handbuch der Arbeitsvorbereitung. Berlin, Köln, Frankfurt/M.: Beuth Vertrieb 1969.

/9/ Heinen, E. (Hrsg.): Industriebetriebslehre. 3. Auflage. Wiesbaden: Betriebswirtschaftlicher Verlag Dr. Th. Gabler 1974.

/10/ o.V.: Elektronische Datenverarbeitung bei der Produktionsplanung und -steuerung. Begriffszusammenhänge, Begriffsdefinitionen. VDI-TB T 77. Düsseldorf: VDI-Verlag 1976.

/11/ Löffelholz, J.: Repetitorium der Betriebswirtschaftslehre. 4. Aufl. Wiesbaden: Betriebswirtschaftlicher Verlag Dr. Th. Gabler 1971.

/12/ Wild, J.: Zur Problematik der Nutzenbewertung von Informationen. ZfB 41 (1971) Nr. 5, S. 315-343.

/13/ Kunerth, W.: Beurteilung des Investitionsobjektes "EDV-gestütztes Fertigungssteuerungssystem". Diss. Universität Stuttgart 1974.

/14/ o.V.: Elektronische Datenverarbeitung bei der Produktionsplanung und -steuerung. Wirtschaftlichkeit. VDI-TB T 78. Düsseldorf: VDI-Verlag 1977.

/15/ Wiese, M.: Untersuchungen zur Beurteilung der Wirtschaftlichkeit EDV-gestützter Fertigungssteuerungssysteme im Bereich der Zeitwirtschaft - dargestellt an Fertigungsverhältnissen von Betrieben mit Werkstattfertigung.
Diss. RWTH Aachen 1977.

/16/ Dworatschek, S.; Donike, H.: Wirtschaftlichkeit von Informationssystemen.
Berlin, New York: Walter de Gruyter 1972.

/17/ Ellinger, T.; Wildemann, H.: Planung und Steuerung der Produktion aus betriebswirtschaftlich-technologischer Sicht.
Wiesbaden: Betriebswirtschaftlicher Verlag Dr. Th. Gabler 1978.

/18/ Heinemayer, W.: Die Analyse der Fertigungsdurchlaufzeit im Industriebetrieb.
Diss. TH Hannover 1974.

/19/ Schnabel, B.: Beitrag zur Quantifizierung organisatorischer Einflußgrößen auf die Durchlaufzeit bei Werkstattfertigung.
Diss. RWTH Aachen 1975.

/20/ Kettner, H.(Hrsg.): Neue Wege der Bestandsanalyse im Fertigungsbereich.
Fachbericht des Arbeitsausschusses Fertigungswirtschaft (AwF) der Deutschen Gesellschaft für Betriebswirtschaft (DGfB).
Hannover 1976.

/21/ Maier, U.; Nieß, P.S.: Schwachstellenanalyse im Fertigungsbereich mit Hilfe von Multimomentstudien.
VDI-Z 119 (1977) Nr. 6, S. 301-307.

/22/ Lienert, J.; Nieß, P.S.: Wirtschaftlichkeitsbeurteilung komplexer Fertigungsanlagen.
ZwF 73 (1978), Nr. 2, S. 59-63

/23/ Vom Dorp, H.-P.: Wirtschaftlichkeitsanalyse vor Einführung eines integrierten Datenverarbeitungssystems mit Hilfe der Nutzwertanalyse.
Diss. TU Berlin 1974.

/24/ Futh, H.: Rationalisierung der Datenverarbeitung.
München, Wien: R. Oldenbourg Verlag 1976.

/25/ de Micheli, F.: Programmkonzepte zur Steuerung von Daten- und Informationsströmen in der Fertigung.
München: Verlag Moderne Industrie 1972.

/26/ Graf, H.; Rabus, G.; Schultz, H.: Einsatzbreite und Methoden der Materialwirtschaft.
Beschaffung aktuell 22 (1976) Nr. 3, S. 52-58.

/27/ Schwerdtfeger, J.: Auswirkungen aus der Unternehmensstrategie auf Informations- und Steuerungssysteme in der Fertigungsindustrie: Lieber langsam.
bit 14 (1978) Nr. 3, S. 44-50.

/28/ Szyperski, N.: Gegenwärtiger Stand und Tendenzen der Entwicklung betrieblicher Informationssysteme.
In: Probleme beim Aufbau betrieblicher Informationssysteme.
München: Verlag Moderne Industrie 1973.

/29/ Wiedemann, H.: Das Unternehmen in der Evolution.
Neuwied, Berlin: Luchterhand 1971.

/30/ Bühner, R.: Organisationsgestaltung von Informationssystemen in der Unternehmung. Berlin: Duncker & Humblot 1975.

/31/ Obermaier, G.: Nutzen-Kosten-Analyse zur Gestaltung computergestützter Informationssysteme. München: Florentz-Verlag 1977.

/32/ Warnecke, H.J.; Kunerth, W.; Graf, H.: Betriebliche Informationssysteme vor neuen Anforderungen. Bürotechnik, Automation und Organisation 23 (1975) Nr. 10, S.1016-1026.

/33/ zur Nieden, M.: Zur Anwendbarkeit von Informationswertrechnungen. ZfB 42 (1972) Nr. 7, S. 493-512.

/34/ Krautter, J.: Zum gegenwärtigen Stand der Entwicklung quantitativer Marketingmodelle. ZfB 43 (1973) Nr. 2, S. 59-63.

/35/ Marr, R.; Picot, A.: Absatzwirtschaft. In: Heinen, E. (Hrsg.): Industriebetriebslehre. 3. Auflg. Wiesbaden: Betriebswirtschaftlicher Verlag Dr. Th. Gabler 1974.

/36/ Zangemeister, C.: Nutzwertanalyse in der Systemtechnik. München: Wittmannsche Buchhandlung 1970.

/37/ Marshak, J.: Towards an Economics Theory of Organization and Information. In: Coombs C.H.; Davis, R.L. (Hrsg.): Decision Process. New York, London 1954.

/38/ Drukarczyk, J.: Zum Problem der Bestimmung des Wertes von Informationen.
ZfB 44 (1974) Nr. 1, S. 3-22.

/39/ Teichmann, H.: Zum Wert und Preis von Informationen.
ZfB 73 (1973) Nr. 5, S. 373-390.

/40/ Bitz, M.; Wenzel, F.: Zur Preisbildung von Informationen.
ZfbF 26 (1974) Nr. 6, S. 451-472.

/41/ Willmann, K.: Beitrag zur Wirtschaftlichkeitsanalyse unterschiedlicher Organisationsstrukturen, dargestellt am Beispiel der Fertigungssteuerung im Maschinenbau.
Diss. RWTH Aachen 1977.

/42/ Witte, E.: Das Informationsverhalten in Entscheidungsprozessen.
Tübingen: Paul Mohr 1972.

/43/ Koreimann, D.: Methoden der Informationsbedarfsanalyse.
Berlin, New York: Walter de Gruyter 1976.

/44/ Tuffentsammer, K.; Moll, W.-P.: Technologische Arbeitsvorgang-Reihenfolgeplanung.
TZ f. prakt. Metallbearbeitung 67 (1973) Nr. 4, S. 127-133.

/45/ Graf, H.; Nieß, P.S.: Die Produktionsprogrammplanung bestimmt die Qualität der Fertigungssteuerung.
Die Arbeitsvorbereitung 14 (1977) Nr. 5, S. 131-136.

/46/ Studienkreis Dr. Pärli: Istaufnahme und automatische Datenverarbeitung.
Wiesbaden: Betriebswirtschaftlicher Verlag Dr. Th. Gabler 1972.

/47/ Heilmann, W.: Analyse der Bürotätigkeiten, Argus-Analyse.
Bürotechnik, Automation und Organisation 22 (1974) Nr.10, S. 1104-1106.

/48/ Müller, M.J.: Schwachstellenanalyse durch Kommunikationserhebungen.
Bürotechnik, Automation und Organisation. 23 (1975) Nr. 3, S. 259-264.

/49/ o.V.: Protokolle der REFA-Gruppe PPS mit EDV.
Darmstadt: REFA-Institut (1974-1978).

/50/ Graf, H.: Ergebnisverbesserung durch Rationalisierung der Materialwirtschaft.
Die Arbeitsvorbereitung 21 (1975), Nr. 5, S. 133-138.

/51/ Hoch, P.: Betriebswirtschaftliche Methoden und Zielkriterien der Reihenfolgeplanung bei Werkstatt- und Gruppenfertigung.
Frankfurt/M., Zürich: Verlag Harri Deutsch 1973.

/52/ o.V.: Elektronische Datenverarbeitung bei der Produktionsplanung und -steuerung. Fertigungsterminplanung und -steuerung.
VDI-TB T 23.
Düsseldorf: VDI-Verlag 1971.

/53/ REFA: Methodenlehre des Arbeitsstudiums.
Teil 2: Datenermittlung. 2. Aufl.
München: Carl Hanser Verlag 1972.

/54/ Warnecke, H.J.: Planungsinstrumentarium zur konjunkturgerechten Unternehmensleitung.
Vortragsmanuskript, 4. Arbeitstagung des IPA.
Stuttgart: Institut für Produktionstechnik und Automatisierung 1974.

/55/ Biergans, E.: Investitionsrechnung.
Nürnberg: Verlag Hans Carl 1973.

A N H A N G 1 :

S C H W A C H S T E L L E N -
K A T A L O G

A1

- Keine langfristige Planung des Produktionsprogrammes
- Langfristplanung (Material und Kapazität) wird bei starker Veränderung des Auftragseingangs nicht oder zu langsam angepaßt
- Starke Schwankungen des Produktionsprogrammes
- Kurzfristige Änderungswünsche des Marktes
- Änderungen des Primärbedarfes (Stückzahlen und Termine)
- Änderungen des Produktes
- Mangelhafte Aktualität des Produktionsprogrammes bei Eingabe in das EDV-Verfahren
- Keine systematische Überprüfung des Produktionsprogrammes im Hinblick auf seine Realisierbarkeit
- Zu späte Bereitstellung der Programmvorschau und der Produktionsprogrammpläne
- Verhältnis Angebot zu Bestellungen unbekannt
- Angebots- und Auftragsstatistik wird nicht geführt
- Keine Kapazitätsabstimmung bei Angebotserstellung
- Tagesprogrammvorschau deckt Tagesausbringung nicht ab

A2

- Kurzfristige Änderungen des Marktes
- Kurzfristige technische Änderungen
- Änderungen des Primärbedarfes (Stückzahlen und Termine)
- Keine langfristige Planung des Fertigungsprogrammes
- Ungeeignete Aufgabenteilung zwischen verschiedenen Werken
- Keine systematische Überprüfung des Fertigungsprogrammes auf seine Realisierbarkeit
- Zu späte Produktspezifikation (Varianten, Kundenausführungen)
- Vorhandene Angaben zur Spezifikation noch nicht eindeutig feststehender Varianten werden nicht in verwertbarer Form dargestellt

A3

- Terminangaben zum Produktionsprogramm zu grob bei Eingabe in Bruttobedarfsermittlung
- Produktspezifikation für zu kurzen Horizont eindeutig

A6

- Sicherheitsbestände sind konstant ohne Berücksichtigung der Primärbedarfsentwicklung

A14

- Kapazitätsbestand wird nicht frühzeitig genug der Primärbedarfsentwicklung angepaßt
- Kapazitätsbedarf wird zu spät ermittelt, so daß eine Anpassung des Kapazitätsbestandes nicht in ausreichendem Maße möglich ist

A15

- Notwendige Maßnahmen zur Anpassung des Kapazitätsbedarfs (Änderung des Produktionsprogrammes) unterlassen
- Kapazitätsbedarf wird zu spät ermittelt, so daß seine Anpassung nicht in ausreichendem Maße möglich ist

B3

- Verwendungshäufigkeit bei nicht eindeutiger Verwendung (Menge) nicht oder zu ungenau angegeben
- Keine klare Kennzeichnung, ob Teile aus Original- oder Verschnittmaterial gefertigt werden
- Substitutionsmöglichkeit nicht in Stücklisten angegeben

B16

- Stücklisten nicht fertigungsgerecht aufgebaut

B19

- Keine Vergabe von Sachmerkmalen im Hinblick auf die Bildung von Fertigungsfamilien
- Beschaffungsart nicht eindeutig festgelegt
- Zeitliche und sachliche Mängel bei der Sachmerkmalerfassung

B20

- Doppelbelegung von Sachnummern nicht vollständig ausgeschlossen

B21

- Zeitliche und sachliche Mängel in der Pflege der Sachstammdaten
- Zuordnung der Verantwortlichkeiten für einzelne Dateiinhalte nicht eindeutig geregelt

B23

- Zu späte Erstellung von Stücklisten
- s.a. B3

B25

- Darstellung der Stücklisten wird den unterschiedlichen Anforderungen nicht gerecht (Disponent, Konstrukteur)

C15

- Darstellung der Kapazitätseinheiten in Arbeitsplänen gestattet keine Verdichtung für eine Langfristplanung

C16

- Informationsgehalt der Arbeitspläne nicht ausreichend für Arbeitsbelege (z.B. Werkzeugangaben)

C23

- Zuordnung von Komponenten zu Arbeitsvorgängen fehlt in Montageplänen

C26

- Zu späte Festlegung des Fertigungsablaufes
- Alternative Arbeitsfolge nicht berücksichtigt
- Ausweichmöglichkeiten nicht dargestellt
- Sofortige Berücksichtigung von Änderungen nicht gewährleistet
- Ständige Abweichungen in der Fertigung werden nicht erkannt und gespeichert
- Veraltete, unvollständige oder fehlende Arbeitsunterlagen
- Arbeitsunterlagenpflege zu langsam (Rechenzentrumsdurchlauf)
- Keine unterschiedlichen Pläne für Varianten mit unterschiedlichem Ablauf

D3

- Einsatztermine abhängiger technischer Änderungen nicht aufeinander abgestimmt

D6

- Sicherheitsbestände werden verändert und Verwendungshäufigkeiten nicht angepaßt

D7

- Berücksichtigung aller Bestände nicht sichergestellt
- Alte Bestände werden auch dann zur Bedarfsdeckung herangezogen, wenn die Änderungszustände nicht austauschbar sind

D8

- Zu späte Mitteilung technischer Änderungen an den Einkauf

D10

- Änderungsstand wird nicht mitgeführt

D12

- Mangelhafte Terminabstimmung bei technischen Änderungen
- Terminverschiebungen werden dem Einkauf zu spät mitgeteilt

D16

- Berücksichtigung des aktuellen Änderungsstandes nicht sichergestellt
- Belege werden so früh erstellt, daß technische Änderungen nicht oder nur mit hohem Zusatzaufwand einfließen können

D17

- Bereits ausgegebene Arbeitsunterlagen werden bei technischen Änderungen nicht korrigiert

D21

- Unkoordinierter Änderungsdienst
- Änderungen erfolgen zu spät
- Bei Änderungen werden nicht alle ausgegebenen Ausdrucke erneuert

D24

- s. D21

D26

- s. D21

E5

- Mehrverbrauch wird unzureichend erfaßt
- Transport- und Montageausschuß wird nicht oder nicht vollständig erfaßt

E8

- Lagerbestände nicht berücksichtigt
- Bestellbestände unbekannt

E9

- Entnahme reservierter Bestände wird nicht verhindert
- Entnahme reservierter Bestände wird nicht gemeldet
- Mehrfache Reservierung von Beständen wird nicht erkannt

E10

- Lagerbewegungen werden unabhängig von Auftragsbeginn und -ende verbucht

E13

- Verfügbarkeitsprüfung wird nicht durchgeführt
- Keine ständige Verfügbarkeitsprüfung
- Reservierungen sind nicht bekannt
- Information über Sperrung der Bestände
- Aus Qualitätsgründen wird zu spät weitergeleitet
- Verspätete Freigabe von Engpaßteilen zur Disposition

E 15

- Vorhandene Bestände sind im Kapazitätsbedarf nicht berücksichtigt

E29

- Erfassung nicht vollständig und sicher
- Keine Erfassung der körperlichen Entnahmen sondern Ableitung des Verbrauches aus den Ablieferungen
- Lagerpersonal kennt Buchbestände nicht, hat daher keine Kontrollmöglichkeit
- Mangelnde Aktualität wegen zu langsamen Datenflusses
- Mangelnde Aktualität wegen zyklischer Verarbeitung in zu großen Abständen
- Ungeplante Zwischenlagerungen werden nicht erfaßt
- Bestandsreichweite wird nicht ausgewiesen
- Gezielte Informationen bzgl. Überbeständen fehlen
- Keine (permanente) Inventur zur Bestandsüberprüfung

E30

- Bewegungsnachweis liegt Lagerpersonal nicht vor - keine Kontrollmöglichkeit
- Bewegungsnachweis enthält keinen Hinweis auf Art der Entnahme und Bedarfsverursacher
- Bewegungsnachweis enthält keine Entnahmetermine

E31

- Keine Stückzahlkontrolle am Wareneingang
- Zu späte Information der Fertigungssteuerung bei Ablehnung von Lieferungen
- Zu langsamer Informationsfluß von Warenannahme zur Fertigungssteuerung bei kritischen Teilen
- Keine Zuordnung der Eingänge zu Bestellungen

F10

- Zu späte Rückmeldungen
- Zu viele Rückmeldungen, können nicht verarbeitet werden
- Unvollständige oder fehlerhafte Rückmeldungen über Auftragsbeginn
- Vor der Fertigung zurückgestellte Aufträge werden nicht kenntlich gemacht
- Vertrieb über Auftragsbeginn nicht informiert

F13

- In Arbeit befindliche Aufträge der nächst unteren Fertigungsstufe werden bei Verfügbarkeitskontrolle nicht betrachtet

F18

- Auf nicht begonnene, in Rückstand befindliche Aufträge wird nicht hingewiesen
- Zu langsamer Datenfluß führt zur Anmahnung des Auftragsbeginns, obwohl schon begonnen wurde

G10

- In den gefertigten Teilen sind Ausschuß und Nacharbeit enthalten
- Zu späte Rückmeldungen
- Zu viele Rückmeldungen, können nicht verarbeitet werden
- Unvollständige oder fehlerhafte Rückmeldungen über Auftragsende
- Auftragsende mit Zeitverzug erst bei Einlagerungsende gemeldet

G13

- Auftragsende wird zu spät für Verfügbarkeitsprüfung des übergeordneten Auftrags gemeldet

G29

- Gemeldete Stückzahl enthält Ausschuß und/oder Nacharbeit
- Stückzahlabweichungen incl. Überlieferungen werden nicht erfaßt

H10

- Zu späte Rückmeldungen
- Zeitabstände zwischen rückzumeldenden Arbeitsgängen sind zu groß
- Wegen zyklischer Verarbeitung in zu großen Abständen ist die Aktualität der Fertigungsauftragsverteilung zu gering
- Unvollständige oder fehlerhafte Rückmeldungen über Arbeitsganganfang

H18

- Arbeitsganganfang wird nicht oder unvollständig gemeldet, so daß unzutreffend auf Rückstände hingewiesen wird
- Keine ständige Überwachung der Auftragsbestände
- Keine aktuellen Informationen über Auftragsbestände

I10

- Abstände zwischen rückzumeldenden Arbeitsgängen im Arbeitsablauf zu groß
- Stückzahlen mangels Kontrolle oder zufälliger Erfassungen ungenau
- Zu späte Rückmeldungen
- Unvollständige oder fehlerhafte Rückmeldungen über Arbeitsgangende

I17

- Arbeitsverteilung erfährt Arbeitsgangende zu spät, dadurch Verzüge bei der Zuteilung neuer Aufträge
- Arbeitsverteilung kennt Zeitpunkt des Auftragsendes nicht im vorhinein, darum schlechte Vorbereitung neuer Aufträge

I18

- Arbeitsgangende wird nicht oder unvollständig gemeldet, so daß unzutreffend auf Rückstände hingewiesen wird

J9

- Teilmengenentnahme führt zur Aufhebung der gesamten Reservierung
- Teilmengenentnahme wird nicht in Reservierung verbucht

J10

- Zu späte Rückmeldungen
- Unvollständige oder fehlerhafte Rückmeldungen von Teilmengen
- Teilmengen werden nicht zurückgemeldet
- Mengendifferenzen zwischen den einzelnen Arbeitsgängen eines Auftrages
- Kein Abgleich zwischen Summe der Teilmengen und Gesamtmenge

J29

- Teilmengenentnahmen werden erst bei der letzten Entnahme zum Auftrag gemeldet
- Kein Abgleich zwischen der Summe der Teilmengen und der Gesamtmenge

K1

- Produktionsprogramm ist nicht oder unzureichend mit der vorhandenen Kapazität abgestimmt

K2

- Fertigungsprogramm ist nicht oder unzureichend mit der vorhandenen Kapazität abgestimmt
- Verwendete Kapazitätsdaten nicht realistisch
- Urlaubsbedingte Minderung der Kapazität nicht berücksichtigt

K9

- Material wird für Aufträge reserviert, die aufgrund der Kapazitätssituation ohnehin nicht gefertigt werden können

K11

- Terminermittlung ohne Berücksichtigung der Kapazität

K12

- Terminabstimmung ohne Berücksichtigung der Kapazität

K13

- Zu langsame Reaktion bei Maschinenausfällen (insbesondere bei Engpaßmaschinen)
- Reaktion auf Arbeitsmangel an einzelnen Maschinen zu langsam oder falsch

K14

- Vereinfachungen bei der Festlegung der Daten über Personalkapazität (Qualifikation, Zeit)
- Unrealistische Festlegung der verfügbaren Personalkapazität
- Unkenntnis über verfügbare Personalkapazität
- Vereinfachungen bei der Festlegung der Daten über Maschinenkapazität
- Unrealistische Festlegung der verfügbaren Maschinenkapazität
- Unkenntnis über verfügbare Maschinenkapazität
- Kapazität der Engpaßmaschine nicht genau genug bekannt

K15

- Reaktion auf Arbeitsmangel an einzelnen Maschinen zu langsam oder falsch
- Zu langsame Reaktion bei Maschinenausfällen
- Falsche Belastungsannahme bei Fremdteilen
- Fehlen von langfristigen Kapazitätsprognosen zur Bestimmung des Personalbedarfes

K27

- Verfügbare Personalkapazität nicht angegeben
- Daten über verfügbare Personalkapazität nicht aktuell
- Vereinfachungen bei den Daten zu verfügbaren Personalkapazität (Qualifikation, Zeit)
- Krankheit und Urlaub werden nicht berücksichtigt
- Durchschnittlicher Leistungsgrad nicht bekannt oder nicht bestimmt
- Verfügbare Maschinenkapazität nicht bekannt
- Daten über verfügbare Maschinenkapazität nicht aktuell
- Längere Maschinenausfallzeiten (Wartung o.ä.) nicht berücksichtigt
- Durchschnittlicher Nutzungsgrad nicht bekannt oder nicht bestimmt

L1

- Zu grobe/feine Zuordnung der Betriebsmittel zu Kapazitätsgruppen

L5

- Falsche Ausschußzuschläge
- Falsche Zuschläge (Material) für die Maschineneinstellung

L12

- Termine werden nicht auf mehrfach verwendete Werkzeuge und Vorrichtungen abgestimmt
- Termine werden nicht mit Betriebsmittelreparatur und -wartung abgestimmt

L13

- Keine Verfügbarkeitsprüfung für Werkzeuge und Vorrichtungen bei Auftragsbeginn

L14

- Vereinfachung bei der Festlegung der Daten über die Anzahl benötigter Werkzeuge und Vorrichtungen je Teil
- Unkenntnis der benötigten Werkzeuge und Vorrichtungen je Teil
- Vereinfachung bei der Festlegung der Daten über Mehrfachverwendbarkeit der Betriebsmittel
- Unkenntnis der Mehrfachverwendbarkeit der Betriebsmittel
- Vereinfachung bei der Festlegung der Daten über die Störanfälligkeit der Betriebsmittel
- Unkenntnis der Störanfälligkeit und -häufigkeit der Betriebsmittel

L17

- Bei der Arbeitsverteilung ist die Verfügbarkeit des Werkzeuges nicht bekannt

L28

- s. L14

M6

- Zugrundegelegte Wiederbeschaffungszeit unzutreffend
- Sicherheitszeit als Anteil der Durchlaufzeit in den folgenden Fertigungsstufen nicht berücksichtigt (kann gleichfalls zum Auffangen von Störungen verwendet werden)

M7

- Interne Durchlaufzeit wird nicht berücksichtigt
- Berücksichtigte interne Durchlaufzeit ist unzutreffend festgelegt
- Zeitrasten für die berücksichtigte Durchlaufzeit ist zu grob

M8

- Materialvorlaufzeit unzutreffend festgelegt
- Lieferzeit unzutreffend festgelegt
- Veränderungen der Plandurchlaufzeiten werden der Materialdisposition nicht mitgeteilt
- Der Vorlauf für die Bestellabwicklung im Einkauf ist nicht berücksichtigt
- Vereinfachungen bei der Festlegung der Daten über Lieferzeit (Transportzeit, Einlagerungszeit...)

M11

- Zu starke Vereinfachungen
- Unrealistisch festgelegte Daten
- Nicht Berücksichtigung einzelner Zeitanteile
- Keine laufende Anpassung an Veränderungen

bei der Festlegung der einzelnen Zeitanteile, und zwar

- Auslagerungszeit
- Transportzeit
- Liegezeit vor der Bearbeitung
- Rüstzeit

- Bearbeitungszeit
- Liegezeit nach der Bearbeitung
- Kontrollzeit
- Einlagerungszeit

Vernachlässigung und unzutreffende Berücksichtigung von Leistungsgrad, Nutzungsgrad bei der Ermittlung von Rüst- und Bearbeitungszeit

M21

- Fristenangaben in Sachstammdatei unzutreffend (vgl. M11)

N1

- Keine Abstimmung mit Beschaffungsmöglichkeiten
- Fehlende Berücksichtigung der Produktdurchlaufzeiten
- Unzutreffende Produktdurchlaufzeiten
- Zeitraster zu grob
- Planungszyklen zu lang
- Planungshorizont zu kurz

N2

- s. N1

N3

- Keine Berücksichtigung von Durchlaufzeiten je Fertigungsstufe
- Zu viele/zu wenige Teile bedarfsgesteuert disponiert
- Planungshorizonte/-zyklen/-raster ungeeignet

N4

- Saisonale Schwankungen nicht berücksichtigt
- Unterstelltes Modell unzutreffend (z.B. exponential smoothing 1. Ordnung bei progressivem Bedarf)

N5

- Hochrechnung des Ausschußzuschlages fehlt/fehlerhaft
- Entnahmen für Sonderfälle werden voll berücksichtigt
- Zusatzbedarf wird nicht berücksichtigt oder nur nachträglich disponiert

N6

- Bezugsgröße (Menge oder Zeit) ungeeignet
- Keine Trennung nach A-/B-/C-Teilen
- Fertigungsinterne Puffer werden nicht berücksichtigt

N7

- Zu grobes Terminraster (z.B. Wochen- oder Monatsmengen für die Fertigung)
- Die Ermittlung der Stückzahlvorgabe für die Produktion erfolgt zu einem Zeitpunkt, an dem die Verbrauchsabweichungen des Vormonates noch nicht bekannt sind
- In der Fertigung befindliche Aufträge werden nicht vor neuen Aufträgen zur Bedarfsabdeckung herangezogen

N8

- Zu grobes Terminraster (z.B. Monats- oder Wochenmengen für die Fertigung)
- Keine Berücksichtigung der Verpackungs- und Transporteinheiten bei der Losgrößenbildung
- Feste Losgrößen trotz hoher Bedarfsschwankungen
- Einkauf zu spät über Materialanforderungen informiert
- Keine langfristige Bedarfsvorschau für den Einkauf

N9

- Keine Materialreservierung
- Doppelreservierung nicht ausgeschlossen
- Reservierung ohne Hinweis auf Bedarfsverursacher

N10

- Keine Löschung von Arbeitsvorgängen bei Abmeldung eines folgenden
- Keine Zuordnung zum Kundenauftrag

N11

- Zu grobes Terminraster (z.B. Monats- oder Wochenmengen für die Fertigung)
- Mangelhafte Abstimmung zwischen Mengen- und Terminplanung
- keine mehrstufige Terminierung (Auftragskette)
- Keine Vernetzung von Aufträgen auf Arbeitsgangebene
- Keine Dispositionsreserven
- Ständige Überprüfung der Fertigungszyklen (bei zyklischer Fertigung) fehlt
- Nicht abgestimmtes Rechnen mit verschiedenen Kalendern (Betriebskalender/gregorianischer Kalender)
- Keine Nutzung von Splittung und Überlappung
- Termine liegen in der Vergangenheit

N12

- Keine Koordination des Fertigungsablaufes
- Kein Festlegen von Ablaufregeln und Reihenfolge der Bearbeitung an den Plätzen für nicht vollterminierte Arbeitsvorgänge
- Terminierung erfolgt ohne Rücksicht auf Kapazitätsgrenzen
- Ungeeignete Prioritätsregelung
- Keine Berücksichtigung optimaler Rüstreihenfolgen

N13

- Keine vollständige Verfügbarkeitsprüfung (Betriebsmittel, Material, Unterlagen)
- Verfügbarkeitsprüfung zu spät

N14

- Kapazitätsbedarf und -bestand werden nicht auf den gleichen Leistungsgrad bezogen
- Anpassung nur von Personal (ohne Berücksichtigung der Maschinenkapazität)

N15

- Keine Berücksichtigung von Ausweichmöglichkeiten
- Kein Vorziehen von Fertigungsaufträgen möglich

N16

- Belegerstellung zu früh

N17

- Reihenfolge in der Kontrolle nicht festgelegt
- Prüfreihenfolge berücksichtigt tatsächliche Dringlichkeit nicht
- Fehlen von übergeordneten Reihenfolgekriterien
- Bei kurzfristigen Umplanungen wegen Störungen Folgen nicht bekannt
- Zu geringer Planungshorizont
- Keine Abstimmung mit Kapazität der Folgekostenstellen
- Keine Zurückstellung normaler Lieferungen zugunsten dringender
- Keine vorausschauende Belegungsplanung (ad-hoc-Steuerung)

N18

- Keine systematische Überwachung von Terminverzügen
- Kein Bezug zu gefährdeten Lieferterminen (kundenbezogen)
- Keine zentrale Kontrollinformation vorhanden
- Keine Information an zentrale Steuerungsabteilung bei hohen Verzügen
- Verzüge werden zu spät erkannt wegen zu langen Planungszyklen oder zu großen Abständen zwischen Meldepunkten

N29

- Keine Führung reservierter Bestände
- Erstellungszyklen zu lang

N30

- Keine Zuordnung der Lagerbewegung zum verursachenden Auftrag/ zur verursachenden Kostenstelle

N31

- Keine Prioritätssteuerung in der Warenannahme

O8

- Aktuellere Informationen des Benutzers über Liefersituation, Kapazitäten des Lieferanten
- Zusätzliche Randbedingungen, die im Sollablauf nicht berücksichtigt sind (z.B. Personalkapazität, Ausweichmöglichkeiten, Splittung, Überlappung, Werkzeugprobleme, Materialverfügbarkeit)

O9

- Andere Verwendung von Teilen als disponiert wegen kurzfristiger Störungen, Prioritätsverschiebungen

O12

- Genauere Informationen des Benutzers über Fertigungsmöglichkeiten (Kapazitäten usw.)
- Zusätzliche Randbedingungen, die im Sollablauf nicht berücksichtigt sind (vgl. O8)

O14

- Reaktion auf Störungen (Überstunden)

O15

- Reaktion auf Störungen (Nutzung von Ausweichmöglichkeiten)

O17

- Reaktion auf Störungen

P6

- Korrektur unrealistischer Sicherheitsbestände

P8

- Korrektur unrealistischer Losgrößen

P9

- Andere Verwendung von Teilen als disponiert (z.B. Ersatzteile)

P14

- Anordnung von Überstunden
- Verschiebung von Auftragsterminen

P17

- Gezielte Beschleunigung von Engpaßteilen
- Ungeplante Splittung, Überlappung wenn terminlich geboten
- Zusammenfassung zu kleiner Lose
- Reihenfolgeoptimierung im Hinblick auf Rüstaufwand

Q4

- Erhöhung des prognostizierten Bedarfs wegen zu großen Sicherheitsstrebens

Q5

- Einplanung zu hoher Sicherheiten (Mengen und Termine)

Q6

- s. Q5

Q8

- s. Q5
- Zu hohe/niedrige Gewichtung der Mengenrabatte gegenüber den Lagerkosten

Q9

- Zuordnung knapper Lagerpositionen nach subjektiven Kriterien

Q10

- Verspätete Rückmeldung wegen Lohnbevorratung ("Vorderwasser")

Q11

- Benutzer arbeitet mit zu großen Sicherheiten bei der Terminermittlung

Q12

- Zu frühes Einsteuern der Aufträge in die Fertigung
- Prioritätsvorgaben nach eigenen Kriterien (z.B. erreichbarer Leistungsgrad)

Q17

- Vorziehen von Aufträgen mit günstigem Zeitgrad für den Arbeiter
- Häufiges Ändern der geplanten Auftragsreihenfolge durch das Maschinenbedien- oder Fertigungssteuerungspersonal
- Warteschlange vor einer Maschine wird nach willkürlichen Kriterien abgearbeitet
- Zuordnung der Aufträge zu den Maschinen nach Rüstaufwand und ohne Berücksichtigung der gesamten Auslastung und der Terminsituation
- Bildung willkürlicher Teillose
- Unkoordinierte Auftragsweitergabe der beim Splitten und Überlappen gebildeten Teillose
- Aufträge werde nicht nach Priorität, sondern entsprechend den Anmahnungen eingeplant

R1 - R31

- Grundsätzliche Ursachen für Interpretationsfehler:
  - Zu viele Informationen für den Benutzer, die er nicht verarbeiten kann
  - Bereitgestellte Informationen decken Informationsbedarf nicht ab
  - Benutzer muß zu viele Entscheidungen treffen
  - Zu geringer/zu hoher Freiheitsgrad für den Benutzer
  - Keine einheitliche Definition für in den Vorgaben enthaltene Größen

A N H A N G 2 :

F O R T R A N - P R O G R A M M Z U R D Y N A M I S C H E N W I R T - S C H A F T L I C H K E I T S R E C H - N U N G

```
      PROGRAM DYNA  (INPUT,OUTPUT,TAPE5=INPUT,TAPE6=OUTPUT)
C DEFINITIONEN
      REAL A(23,32),B(12,32),C(14,32)
      REAL AZ(32),BZ(32),CZ(32),AB(32),BB(32),CB(32),DZ(32),DB(32)
      REAL DM(70),EIN(11)
      INTEGER IZL(70)
      INTEGER DR
C ZUWEISEN PROGRAMMKONSTANTEN
      LA = 24
      LB = 12
      LC = 14
      LSA = 1
      LSB = 29
      LSC = 49
      LZ = 70
      LJ = 32
      KL =  5
      DR =  6
C FELDER LOESCHEN
      DO 110  J=1,LJ
      DO 102  I=1,LA
  102 A(I,J) = 0.
      DO 104  I=1,LB
  104 B(I,J) = 0.
      DO 106  I=1,LC
  106 C(I,J) = 0
  110 CONTINUE
      DO 120  I=1,LZ
      DM(I) = 0
  120 IZL(I) = 0
C EINLESEN KOPFKARTE
 1000 READ(KL,1010) I1,ZKI,PSR,ZND,JP
 1010 FORMAT(I2,F5.2,F6.2,F6.2,I4)
      IF(I1.NE.1) STOP 1000
      IF(JP.LT.1) STOP 1001
      JM = ZND * JP  + 0.5
      IF ( JM .GT. LJ ) STOP 1002
      IF ( JM .LT. 2 )  STOP 1003
C EINLESEN DATENKARTE
 2000 READ(KL,2010) I1,I2,EIN
 2010 FORMAT(I2,I1,11F7.2)
      IF(I1.EQ.99) GOTO 10000
      IV = 0
      IF(I1.GT.LSA.AND.I1.LE.(LSA+LA)) IV=1
      IF(I1.GT.LSB.AND.I1.LE.LSB+LB)  IV=2
      IF(I1.GT.LSC.AND.I1.LE.LSC+LC)  IV=3
      IF(IV.EQ.0) STOP 2001
      IF( I2 .EQ. 1 .AND. IZL(I1) .EQ. 1 ) STOP 2002
      IF(I2.EQ.2 .OR. I2.EQ.3) GOTO 2020
      IF(I2.NE.1) STOP 2003
      IZL(I1) = 1
      DM(I1)  =  EIN(1)
      GOTO 2050
 2020 IF(IZL(I1) .EQ. 0 ) STOP 2004
 2050 GOTO(3000,4000,5000),IV
C ABSPEICHERN EINMALIGER AUFWAND ETC.
 3000 IH = I1 - LSA
```

```
      CALL ABSP(A,LA,LJ,IH,I2,EIN)
      GOTO 2000
 4000 IH = I1 - LSB
      CALL ABSP(B,LB,LJ,IH,I2,EIN)
      GOTO 2000
 5000 IH = I1 - LSC
      CALL ABSP(C,LC,LJ,IH,I2,EIN)
      GOTO 2000
C AUFFUELLEN MATRIZEN B UND C
10000 DO 10030 I=1,LB
      BK = 0.
      K = JM
      IF(IZL ( I+LSB) .EQ. 0 ) GOTO  10030
      DO 10010  J=1,JM
      IF(B(I,J).LT.0.1E-4) GOTO 10010
      K=J
      BK=B(I,J)
10010 CONTINUE
      IF(K.GE.JM) GOTO 10030
      KP1 = K+ 1
      DO 10020 J=KP1,JM
10020 B(I,J)=BK
10030 CONTINUE
      DO 10080 I=1,LC
      BK = 0.
      K=JM
      IF(IZL(I+LSC) .EQ. 0 ) GOTO 10080
      DO 10060 J=1,JM
      IF(C(I,J).LT.0.1E-4) GOTO 10060
      K=J
      BK = C(I,J)
10060 CONTINUE
      IF(K.GE.JM) GOTO 10080
      KP1 = K + 1
      DO 10070 J=KP1,JM
10070 C(I,J) = BK
10080 CONTINUE
C AUSDRUCKEN EINGABEPROTOKOLL
20000 WRITE(DR,82010)
      WRITE(DR,82015) ZKI,PSR,ZND,JM,JP
      IF(JM.GT.24) GOTO 20030
      IF(JM.GT.12) GOTO 20020
20010 WRITE(DR,82020)
      GOTO 20050
20020 WRITE(DR,82021)
      GOTO 20050
20030 WRITE(DR,82022)
20050 WRITE(DR,82030)
      CALL DREIN(A,LA,LJ,   DM,IZL,LSA,JM,LZ,DR)
      WRITE(DR,82031)
      CALL DREIN(B,LB,LJ,   DM,IZL,LSB,JM,LZ,DR)
      WRITE(DR,82032)
      CALL DREIN(C,LC,LJ,   DM,IZL,LSC,JM,LZ,DR)
C ERMITTELN ERFORDERLICHE MANPOWER
      PAE = 0.
      DO  25050  J=1,JM
      DO  25040   I=1,8
25040 PAE = PAE + A(I,J)
```

```
25050 CONTINUE
C BEWERTUNG DER ELEMENTE
30000 ZFAK = 1.
      CALL BEWE(A,LA,LJ,DM,LZ,JM,LSA,ZFAK)
      ZFAK = 12. / JP
      CALL BEWE(B,LB,LJ,DM,LZ,JM,LSB,ZFAK)
      CALL BEWE(C,LC,LJ,DM,LZ,JM,LSC,ZFAK)
C ERMITTLUNG ZEITREIHEN ETC
      PP = (1.+PSR/100.)**(1./JP)
      PKZ = (1.+ZKI/100)**(-1./JP)
      DO 35090 J=1,JM
      AZ(J)=0.
      BZ(J)=0.
      CZ(J)=0.
      DO 35020 I=1,LA
35020 AZ(J)=AZ(J)+A(I,J)
      DO 35030 I=1,LB
35030 BZ(J)=BZ(J)+B(I,J)
      DO 35040 I=1,LC
35040 CZ(J)=CZ(J)+C(I,J)
      PPJ= PP**(J-1)
      PKZJ = PKZ**(J-1)
      AZ(J)=AZ(J)*PPJ
      BZ(J)=BZ(J)*PPJ
      CZ(J)=CZ(J)*PPJ
      DZ(J)=CZ(J)-BZ(J)-AZ(J)
      AB(J)=AZ(J)*PKZJ
      BB(J)=BZ(J)*PKZJ
      CB(J)=CZ(J)*PKZJ
      DB(J)=DZ(J)*PKZJ
35090 CONTINUE
C ERMITTLUNG DER KAPITALWERTE
      WKA=0.
      WKB=0.
      WKC=0.
      WK =0.
      DO 40050  J=1,JM
      WKA = WKA + AB(J)
      WKB = WKB + BB(J)
      WKC = WKC + CB(J)
      WK = DB(J)+WK
40050 CONTINUE
      WKR = WKC - WKB
      WKPAE = WK / PAE
C BERECHNUNG DER AMORTISATIONSDAUER   - ZEITZENTRUM
41000 S=0
      ZZ=0
      SA=0
      DO 41010 J=1,JM
      S = S+J*AB(J)
      SA = SA + AB(J)
41010 CONTINUE
      IF(SA.LT.0.01) GOTO 41100
      ZZ = ( S / SA - 0.5 ) / JP
C BERECHNUNG BREAK EVEN POINT
41100 CONTINUE
      SA = 0.
      DO 41110 J=1,JM
```

```
      SA = SA + DB(J)
      IF( SA  .GE.0.) GOTO 41150
1110 CONTINUE
      BP =999.99 * JP
      AMZ=999.99
1150 IF(J.GT.1) GOTO 41200
      AMZ = 0.
      BP = 0.
      GOTO 42000
1200 BP= J -SA / DB(J)
      BP = BP / JP
      AMZ = BP - ZZ
 BERECHNUNG INTERNER ZINSFUSS
2000 IZS = 0
      IF( WK.LT.0.) GOTO 43000
      Z=1.
2010 S=0.
      SA=0.
      DO 42030 J=1,JM
      I = JM + 1 -J
      S = S*Z  +DZ(I)
      IF(I.LE.1) GOTO 42030
      SA = SA * Z + S
2030 CONTINUE
      IF(SA.LT.0.1) GOTO 43000
      Z = Z - S/SA
      IF(Z.LT.0.) Z = 0.
      IF(ABS(S)/SA.GT.0.0001) GOTO 42010
      ZI = (( 1./Z)**JP-1.)*100.
      IZS = 1
 INTERNER ZINSFUSS NACH BALDWIN
3000 CONTINUE
      BIZ =    999.99
      IF(WKA.LT.0.01) GOTO 45000
      BIZ = ((1./ PKZ * (( WKC-WKB) / WKA )**( 1./(JM-1)))**JP-1)*100
 BERECHNUNG ANNUITAETEN
5000 P = ZKI/100
      PP=(1.+P)**ZND
      WGF=PP*P/(PP-1)
      ANA = WKA * WGF
      ANB = WKB * WGF
      ANC = WKC * WGF
      ANR = ( WKC - WKB ) * WGF
      AN = WK * WGF
      ANPAE = AN / PAE
 AUSGABE DER ERGEBNISSE
0000 WRITE(DR,85000)
      WRITE(DR,85010)
      WRITE(DR,85020)
      WRITE(DR,85020)
      WRITE(DR,85050)
      WRITE(DR,85020)
      WRITE(DR,85010)
      WRITE(DR,85030)
      WRITE(DR,85030)
      WRITE(DR,85060)
      WRITE(DR,85030)
      WRITE(DR,85040)
```

```
      WRITE(DR,85030)
      WRITE(DR,85070)  WKA,ANA
      WRITE(DR,85030)
      WRITE(DR,85080)  WKB,ANB
      WRITE(DR,85030)
      WRITE(DR,85090)  WKC,ANC
      WRITE(DR,85030)
      WRITE(DR,85030)
      WRITE(DR,85100)  WKR,ANR
      WRITE(DR,85030)
      WRITE(DR,85040)
      WRITE(DR,85030)
      WRITE(DR,85030)
      WRITE(DR,85110)  WK,AN
      WRITE(DR,85030)
      WRITE(DR,85040)
      WRITE(DR,85030)
      WRITE(DR,85030)
      WRITE(DR,85170)  WKPAE,ANPAE
      WRITE(DR,85030)
      WRITE(DR,85010)
      WRITE(DR,85020)
      WRITE(DR,85020)
      WRITE(DR,85120)  BP
      WRITE(DR,85020)
      WRITE(DR,85020)
      WRITE(DR,85130)  AMZ
      WRITE(DR,85020)
      WRITE(DR,85010)
      WRITE(DR,85020)
      WRITE(DR,85020)
      IF(IZS .EQ. 1 ) GOTO 50050
      WRITE(DR,85140)
      GOTO 50060
50050 WRITE(DR,85150)  ZI
50060 CONTINUE
      WRITE(DR,85020)
      WRITE(DR,85020)
      WRITE(DR,85160)  BIZ
      WRITE(DR,85020)
      WRITE(DR,85010)
      STOP
C FORMATANWEISUNGEN FUER AUSGABE HAUPTPROGRAMM
82010 FORMAT(1H1,32H E I N G A B E P R O T O K O L L   )
82015 FORMAT(1H0,13HKALK. ZINS = ,F5.2,17H  PREISST-RATE = ,F5.2,17H
     1ZUNGSDAUER = ,F3.1,12H JAHRE ODER ,I2,27H PERIODEN, PERIODEN/J
     2= ,I2)
82020 FORMAT(1H0,132HZN DM/EINH.       1           2           3
     1    5           6           7           8           9          10
     21         12       )
82021 FORMAT(1H0,132HZN DM/EINH.    1/13        2/14        3/15        4/1
     1   5/17        6/18        7/19        8/20        9/21       10/22
     23         12/24       )
82022 FORMAT(1H0,132HZN DM/EINH.    1/13/25    2/14/26    3/15/27    4/1
     1   5/17/29    6/18/30    7/19/31    8/20/32    9/21       10/22
     23         12/24       )
82030 FORMAT(1H0,17H EINMALIGE KOSTEN)
82031 FORMAT(1H ,16H LAUFENDE KOSTEN)
```

```
2032 FORMAT(1H ,13H EINSPARUNGEN)
5000 FORMAT(1H1)
5010 FORMAT(1H ,1HI,54(1H=),1HI)
5020 FORMAT(1H ,1HI,54X,1HI)
5030 FORMAT(1H ,1HI,20X,1HI,16X,1HI,16X,1HI)
5040 FORMAT(1H ,1HI,20(1H-),1HI,16(1H-),1HI,16(1H-),1HI)
5050 FORMAT(1H+,3X,19HE R G E B N I S S E)
5060 FORMAT(1H+,24X,12HKAPITALWERTE,5X,11HANNUITAETEN)
5070 FORMAT(1H+,3X,16HEINMALIGE KOSTEN,6X,F13.0,3X,F13.0)
5080 FORMAT(1H+,3X,15HLAUFENDE KOSTEN,7X,F13.0,3X,F13.0)
5090 FORMAT(1H+,3X,12HEINSPARUNGEN,10X,F13.0,3X,F13.0)
5100 FORMAT(1H+,3X,12HRUECKFLUESSE,10X,F13.0,3X,F13.0)
5110 FORMAT(1H+,3X,13HGESAMTPROJEKT,9X,F13.0,3X,F13.0)
5120 FORMAT(1H+,3X,21HBREAK-EVEN-POINT NACH,F6.2,7H JAHREN)
5130 FORMAT(1H+,3X,17HAMORTISATIONSZEIT,F10.2,6H JAHRE)
5140 FORMAT(1H+,3X,39HINTERNER ZINSFUSS WURDE NICHT BERECHNET)
5150 FORMAT(1H+,3X,17HINTERNER ZINSFUSS,10X,F10.2,8H PROZENT)
5160 FORMAT(1H+,3X,30HINTERNER ZINSFUSS NACH BALDWIN,F7.2,8H PROZENT)
5170 FORMAT(1H+,3X,17HJE MANNMONAT A.E.,5X,F13.0,3X,F13.0)
     END
 SUBROUTINE ABSPEICHERN
0000 SUBROUTINE ABSP(X,LX,LJ,IH,I2,EIN)
     DIMENSION X(LX,LJ),EIN(11)
     IF (I2.NE.1) GOTO 90020
     DO 90010 J=1,10
     JP1 = J+1
0010 X(IH,J)=EIN(JP1)
     RETURN
0020 K=I2*11-12
     DO 90030 J=1,11
     KPJ = K+J
0030 X(IH,KPJ)=EIN(J)
     RETURN
     END
 DRUCKEN EINGABEMATRIZEN
1000 SUBROUTINE DREIN(X,LX,LJ,DM,IZL,LSX,JM,LZ,ID)
     DIMENSION X(LX,LJ),DM(LZ),IZL(LZ)
     DO 91020 I= 1,LX
     IP=I+LSX
     IF(IZL(IP).EQ.0) GOTO 91020
     WRITE(ID,98110) IP,DM(IP)
     JX=MINO(12,JM)
     WRITE(ID,98120) (X(I,J),J=1,JX)
     WRITE(ID,98130)
     IF(JM.LE.12) GOTO 91020
     JX=MINO(24,JM)
     WRITE(ID,98120) (X(I,J),J=13,JX)
     WRITE(ID,98130)
     IF(JM.LE.24) GOTO 91020
     WRITE(ID,98120) (X(I,J),J=25,JM)
     WRITE(ID,98130)
1020 CONTINUE
     RETURN
8110 FORMAT(1H ,I2,F9.2)
8120 FORMAT(1H+,11X,12F10.2)
8130 FORMAT(1H )
     END
```

```
C SUBROUTINE ZUR BEWERTUNG DER ELEMENTE
92000 SUBROUTINE BEWE(X,LX,LJ,DM,LZ,JM,LSX,ZFAK)
      DIMENSION X(LX,LJ),DM(LZ)
      DO 92020 I=1,LX
      IP=I+LSX
      DMIP = DM(IP)
      DO  92010  J=1 , JM
      X(I,J) = X(I,J) * ZFAK
      IF  (DMIP .LT. 0.005 ) GOTO  92020
92010 X(I,J)= DMIP *X(I,J)
92020 CONTINUE
      RETURN
      END
```

Stufenweise Ableitung eines praktischen Planungssystems für den Entwicklungsbereich
Von R. Hichert. ISBN 3-7830-0149-8.
1978, 151 Seiten, kartoniert. 52,— DM

Produktionsplanung mit Auftragsfamilien
Von U. W. Geitner. ISBN 3-7830-0161.7.
1979, 110 Seiten, kartoniert. 45,— DM

Thermisch-chemisches Entgraten
Von T. Wagner. ISBN 3-7830-0164-1.
1979, 111 Seiten, kartoniert. 45,— DM

Untersuchung der Materialflußkosten bei ausgewählten Systemen der Zentralen Arbeitsverteilung
Von R. Wenzel. ISBN 3-7830-0162-5.
1979, 168 Seiten, kartoniert. 86,— DM

Anpassung und Einführung eines Planungssystems für die Ablaufplanung im Konstruktionsbereich
Von W. Dangelmaier. ISBN 3-7830-0163-3.
1979, 168 Seiten, kartoniert. 80,— DM

Längenmessungen an bewegten Teilen mit berührungslos wirkenden Aufnehmern
Von H. Lang. ISBN 3-7830-0157-9.
1979, 89 Seiten, kartoniert. 42,— DM

Untersuchung multistabiler Strömungselemente und ihr Einsatz in sequentiellen Steuerungen
Von A. Ernst. ISBN 3-7830-0157-9.
1979, 122 Seiten, kartoniert. 48,— DM

Taktile Sensoren für programmierbare Handhabungsgeräte
Von M. Schweizer. ISBN 3-7830-0158-7.
1979, 91 Seiten, kartoniert. 42,— DM

Die rechnerunterstützte Prüfplanung
Von P. Bläsing. ISBN 3-7830-0152-8.
1979, 100 Seiten, kartoniert. 44,— DM

Verfahren zur Fabrikplanung im Mensch-Rechner-Dialog am Bildschirm
Von W. Ernst. ISBN 3-7830-0156-0.
1979, 218 Seiten, kartoniert. 72,— DM

Rechnerunterstütztes Verfahren zur Leistungsabstimmung von Mehrmodell-Montagesystemen
Von M. Görke. ISBN 3-7830-0155-2.
1979, 139 Seiten, kartoniert. 50,— DM

Standortbezogene Betriebsmittel
Von G. Pflieger. ISBN 3-7830-0167-6.
1979, 127 Seiten, kartoniert. 52,— DM

Die betriebswirtschaftliche Beurteilung neuer Arbeitsformen
Von B.-H. Zippe. ISBN 3-7830-0168-4.
1979, 350 Seiten, kartoniert. 98,— DM

Untersuchung des Arbeitsverhaltens programmierbarer Handhabungsgeräte
Von B. Brodbeck. ISBN 3-7830-0169-2.
1979, 117 Seiten, kartoniert. 48,— DM

Untersuchung eines kohärent-optischen Verfahrens zur Rauheitsmessung
Von N. Rau. ISBN 3-7830-0174-9.
1979, 117 Seiten, kartoniert. 48,— DM

Entwicklung einer programmierbaren, pneumatischen Steuerung
Von D. Klemenz. ISBN 3-7830-0171-4.
1979, 93 Seiten, kartoniert. 42,— DM

IPA Forschung und Praxis

Berichte aus dem Fraunhofer-Institut für Produktionstechnik und Automatisierung, Stuttgart, und dem Institut für Industrielle Fertigung und Fabrikbetrieb der Universität Stuttgart

Herausgeber: Prof. Dr.-Ing. H. J. Warnecke

38 **Arbeitsgangterminierung mit variabel strukturierten Arbeitsplänen — Ein Beitrag zur Fertigungssteuerung flexibler Fertigungssysteme**
Von U. Maier. ISBN 3-540-10213-2.
1980, 111 Seiten mit 45 Abbildungen. 43,— DM

39 **Kapazitätsabgleich bei flexiblen Fertigungssystemen**
Von P. S. Nieß. ISBN 3-540-10372-4.
1980, 151 Seiten mit 57 Abbildungen. 48,— DM

40 **Schichtdickenverteilung auf galvanisierten Paßteilen am Beispiel kleiner abgesetzter Wellen und Bohrungen**
Von D. Wolfhard. ISBN 3-540-10373-2.
1980, 177 Seiten mit 83 Abbildungen. 48,— DM

41 **Planung von Mehrstellenarbeit unter Berücksichtigung von Umfeldaufgaben**
Von S. Häußermann. ISBN 3-540-10374-0.
1980, 136 Seiten mit 59 Abbildungen. 48,— DM

42 **Untersuchungen zur Schmierfilmdicke in Druckluftzylindern — Beurteilung der Abstreifwirkung und des Reibungsverhaltens von Pneumatikdichtungen mit Hilfe eines neu entwickelten Schmierfilmdicken-meßverfahrens**
Von R. Köhnlechner. ISBN 3-540-10375-9.
1980, 100 Seiten mit 38 Abbildungen und 4 Tabellen. 43,— DM

43 **Typologie zum überbetrieblichen Vergleich von Fertigungssteuerungsverfahren im Maschinenbau**
Von G. Rabus. ISBN 3-540-10376-7.
1980, 174 Seiten mit 88 Abbildungen und 21 Tafeln. 48,— DM

44 **System zur Planung des Umlaufbestandes in Betrieben mit Serienfertigung**
Von K.-G. Wilhelm. ISBN 3-540-10377-5.
1980, 142 Seiten mit 67 Abbildungen und 15 Tafeln. 48,— DM

45 **Rechnerunterstützte Arbeitsplanerstellung mit Kleinrechnern, dargestellt am Beispiel der Blechbearbeitung**
Von W. Hoheisel. ISBN 3-540-10505-0.
1981, 169 Seiten mit 74 Abbildungen. 48,— DM

46 **Beitrag zur Verbesserung der Wirtschaftlichkeit EDV-unterstützter Fertigungssteuerungssysteme durch Schwachstellenanalyse**
Von J. Lienert. ISBN 3-540-10506-9.
1981, 148 Seiten mit 37 Abbildungen. 48,— DM

Die Berichte 38 und folgende sind zu beziehen durch den Springer-Verlag, Berlin Heidelberg New York

GPSR Compliance

The European Union's (EU) General Product Safety Regulation (GPSR) is a set of rules that requires consumer products to be safe and our obligations to ensure this.

If you have any concerns about our products, you can contact us on ProductSafety@springernature.com

In case Publisher is established outside the EU, the EU authorized representative is:

Springer Nature Customer Service Center GmbH
Europaplatz 3
69115 Heidelberg, Germany

Batch number: 10844623

Printed by Printforce, the Netherlands